Página 89 esta a

voi 132

Para el negocio Página 55 — Empezar con 10%. +15
                                                      +20
      61   Vida por medalla
   68 Gerardo Represa

Página 99 Magly
          102
          104 y 105

119 Importante

122 - Maggli

129 Todo

140 BB

142 Lorena

144 y 146 BB. Lorena Maggly.

TODOS
LOS SECRETOS
DE LA
EXCELENCIA

MIGUEL ÁNGEL CORNEJO

TODOS

LOS SECRETOS

DE LA

EXCELENCIA

grijalbo

TODOS LOS SECRETOS DE LA EXCELENCIA

© 1995, Miguel Ángel Cornejo

D.R. © 1995 por EDITORIAL GRIJALBO, S.A. de C.V.
    Calz. San Bartolo Naucalpan núm. 282
    Argentina Poniente 11230
    Miguel Hidalgo, México, D.F.

ISBN 970-05-0623-1

IMPRESO EN MÉXICO

A todos aquellos que están dispuestos a entregar su vida por alcanzar una estrella, que han renunciado a la mediocridad y que aspiran como destino al triunfo y la realización total.

A todos los seres humanos que sienten el llamado interior de llegar a la Excelencia.

Índice

Agradecimientos

A todos mis amigos idealistas que en más de seten-
ta países de cinco continentes me han transmitido
los secretos para hacer posible lo imposible, y cuya
lista sería interminable, les doy mi más profundo
agradecimiento.

Hago patente en este caso la participación de Pablo Latapí Ortega, quien forma parte integral de
nuestros editores, y a quien agradezco su iniciativa
y tenacidad para hacer posible esta obra.

Y gracias una vez más al Colegio de Graduados
en Alta Dirección, donde destacan por su intensa
actividad de investigación Rogelio Sampedro y Her-
melinda Kasuga, quienes junto con todos nuestros
colaboradores hacen que el sueño de la Excelencia
se convierta en realidad.

*México reclama
hoy más que nunca
líderes auténticos y comprometidos,
dispuestos a vivir e incluso morir
por lograr forjar una nación mejor.*

Presentación

En los últimos años los mexicanos hemos vivido una situación especialmente difícil. El encadenamiento de varias crisis aunadas a problemas estructurales, como el aumento desmedido de la población y los retrasos tecnológicos, han provocado que cada vez más amplios sectores de la población vivan en medio de la desesperanza y la angustia por la falta o pérdida de la motivación, el desempleo, la incertidumbre económica, y el tambaleo de valores y tradiciones que habían mantenido a flote a nuestra sociedad.

En estos momentos, más que nunca, se impone un reencuentro con lo mejor que como cultura nos ha acompañado, y la asimilación urgente de los más modernos enfoques sobre la calidad humana y la búsqueda de la Excelencia a niveles tanto personales como sociales, profesionales y empresariales. Son tiempos de cambio y éstos obligan a adoptar actitudes positivas y comprometidas por parte de todas las personas interesadas en vivir bien.

La notable ausencia de líderes, no sólo a nivel nacional sino a nivel mundial, obliga a que los cambios se den en el ser humano de adentro hacia afuera. Cada persona que se proponga crecer, salir de la mediocridad y avanzar con pasos firmes y positivos en medio de esta incertidumbre, se irá sumando silenciosamente a una gran parte de los mexicanos que, a punto de arrancar el siglo XXI, están dispuestos a visualizar un mundo mejor y a trabajar por él.

Miguel Ángel Cornejo, reconocido como el principal promotor del cambio y de la búsqueda de la Excelencia en nuestro país, surge en el horizonte como una guía en esta búsqueda del cambio. Sus amplios conocimientos, aunados a su elocuencia y claridad para dirigirse y comunicar a todo tipo de personas inquietas, lo convierten en un apoyo confiable para comprometerse consigo mismo asumiendo los riesgos y reconociendo las enormes ventajas de estar en el camino correcto.

Ampliamente conocido a través de sus cátedras en el Colegio de Graduados en Alta Dirección, de sus múltiples conferencias en México y el mundo, de su participación en la radio y la televisión, y de los textos publicados en las colecciones del Colegio, Miguel Ángel Cornejo ofrece ahora en un solo volumen un resumen del pensamiento que ha promovido, y el porqué de todos y cada uno de los profundos valores que lo sustentan. Plantea acciones, ejemplos y metáforas sobre el compromiso para el cambio.

Este libro puede ser leído de corrido, como todo aquel de corte académico, pero también se puede consultar por tema o al azar. Es una obra que será igualmente útil tanto al empresario como a sus empleados, al padre de familia, al esposo, a la mujer ejecutiva, al ama de casa, al sacerdote, al taxista, al bolero, a la cajera de banco, a quien usted quiera; porque estamos necesitados de cambios, y para que éstos se den es preciso trabajar a nivel de nuestros más profundos valores, terreno que Miguel Ángel Cornejo conoce a la perfección y por donde hoy, con este texto, nos lleva de la mano.

LOS EDITORES

El regreso a los orígenes

El camino hacia el éxito está más cerca de la humildad que del orgullo excesivo. Cuando alcanzamos el éxito nos sentimos verdaderamente realizados, y con justificada razón. Pero en muchas ocasiones un éxito tras otro puede llegar a perjudicarnos si no somos capaces de asimilarlo con humildad. Es más, a la soberbia que en ocasiones suele acompañar al éxito la llamamos *el síndrome del éxito.*

¿Por qué? Porque se supone que el éxito será eterno y sencillamente se duerme uno en sus laureles. Se piensa que como en el pasado ya se tuvo éxito, éste va a perdurar eternamente.

¡Cuidado!

Si esto ocurre hay que hacer un alto en el camino, detenerse a pensar y reflexionar sobre aquello que se está dejando de hacer y que se hacía en el pasado —en el origen—, cuando se iniciaba el camino del éxito.

Reflexione sobre esto:

- ¿Qué esfuerzo realizó para llegar a donde está hoy?

- ¿Qué es lo que hacía usted al principio de su carrera profesional?
- ¿Qué hábitos tenía?
- ¿Qué ideales perseguía?

Seguramente en un principio lo arriesgaba todo; era mucho más audaz y atendía muy de cerca a sus seres queridos, a sus amigos o a sus clientes.

Con cada uno de sus clientes estaba atento, pero ahora el mercado ha crecido, las utilidades han llegado a su organización, y usted se ha dormido en sus laureles y no tiene tiempo, por lo que ha dejado de realizar aquello que hacía en sus orígenes.

Regresar a nuestros orígenes puede ser la clave para recuperar la ruta del éxito y esto se aplica en todos los campos de la vida.

Hablemos por ejemplo del matrimonio: recuerde usted cómo se arreglaba cuando iba a ver a su pareja durante la época del noviazgo. ¡Qué barbaridad! ¡Se colgaba hasta el molcajete!

Ahora que han pasado los años de consumado el matrimonio usted ha subido de peso. Reconozca sus kilos de más. La señora, por supuesto, vive buena parte de la mañana con su mascarilla de aguacate y con los tubos bien puestos en la cabeza. Ambos han olvidado que ese matrimonio tuvo una etapa de conquista y que cuando se enamoraron fue debido a la atención y el servicio que se dieron uno al otro.

En el mundo empresarial llamamos *entropía organizacional* al acto de olvidar lo que se hizo en los orígenes. Es el desorden en un sistema cerrado.

Se trata sencillamente del descuido, del olvidarnos cuál fue nuestro origen y eso nos lleva al fracaso en la mayor parte de las ocasiones. Intente recordar cómo atendía usted al primer cliente de su empresa. ¡Qué barbaridad!; usted le daba gusto hasta en el más mínimo detalle. Hoy el cliente ya se hizo algo usual, se convirtió en rutina y sencillamente se nos ha olvidado cómo lo tratábamos originalmente. Sucede también con nuestra familia; con frecuencia tratamos mejor a las visitas que a los miembros de nuestro hogar. Reflexione un poco y verá cómo esto sucede en muchos campos de nuestra vida.

Si usted quiere recuperar la ruta al éxito, por favor, regrese a sus orígenes. El trato que dé a sus clientes, su familia y sus amigos deberá ser como si fuera la primera ocasión que están llegando a su casa o a su organización. Intente conquistarlos. Curiosamente se le da la mejor atención al cliente nuevo, mientras que al cliente viejo, ese que ya dejó buenas utilidades y que en buena medida es parte de nuestro éxito, lo hemos olvidado en el camino. Recuérdelo siempre: es importantísimo regresar a nuestros orígenes.

Reconocer errores y salirse a tiempo

Cuando el líder reconoce humildemente sus errores ante sus subordinados adquiere credibilidad y, sobre todo, inspira confianza. Sin embargo, es frecuente que el líder piense que todo mundo, menos él, se equivoca; y si de algo tenemos que estar convencidos por completo es de que *todos los seres humanos* estamos expuestos a cometer errores. Imagine usted a un arquero que apunta, dispara su flecha y no da en el blanco; sería verdaderamente absurdo que el arquero le echara la culpa al blanco; que pensara que falló porque éste se le movió. Es obvio que la culpa es de él: fue él quien no pudo acertar en el blanco.

Cada vez que nos equivocamos lo primero que buscamos es: quién se puso en nuestro camino, quién fue el tonto que se atravesó y quién tuvo la culpa del error que cometimos. Cada vez que se equivoque, la primera pregunta que debe hacerse un líder de Excelencia —y toda aquella persona que aspire al éxito— es: ¿en qué me equivoqué yo?, y hacerlo con toda sinceridad.

El maestro Edwards Deming, uno de los baluartes de lo que se ha llamado el "milagro japonés" afirma que del 100% de las fallas en una organización, el 85% corresponde al líder y sólo el 15% es de los niveles operativos. Resulta que los líderes somos el peor enemigo de la propia estructura corporativa y desafortunadamente siempre hallamos a alguien a quien echarle la culpa.

Seguramente usted habrá observado que cuando una persona echa en reversa su automóvil y va a dar contra un poste o una pared, la primera reacción es voltear a ver si alguien estaba mirando, y si es así, en sus labios se dibuja una sonrisa de disculpa pues es evidente que el único culpable es él. A continuación se baja del automóvil, observa el daño a su vehículo y por supuesto al poste, y murmura para sí mismo: "¡Estúpido poste...!"

Por supuesto que piensa que él no ha sido el culpable del desagradable incidente, sino que el causante es el *desgraciado* poste. Además quisiera saber quién fue el "ineficiente funcionario público" al que se le ocurrió poner un poste precisamente en ese lugar.

Yo me imagino el cielo lleno de nubes, pero por supuesto también con muchísimos postes a su alrededor. Por favor, no busque postes. Cuando usted se equivoque, piense: el 85% de las veces la culpa es de uno mismo y la forma de iniciar el camino al éxito es comprender que nosotros también cometemos errores.

La exactitud en el propósito

La tenacidad y perseverancia en la búsqueda de un objetivo son actitudes fundamentales para tener éxito, pero es vital que en cuanto advirtamos que estamos obrando equivocadamente nos salgamos lo antes posible, aun cuando nuestro orgullo sufra por críticas de los demás. Así perderemos lo menos posible; muchas veces nos entra algo más que terquedad, el "jumentismo" (sí, de *jumento*: "burro"), y nos empeñamos en perseverar en algo equivocado. Si usted advierte que está haciendo algo erróneo en la política de su empresa, en la promoción de ventas, en la forma de atender a sus clientes o en la atención a su familia..., ¡por favor deje de insistir! Dese cuenta de que eso ya no está dando los resultados deseados.

En muchas ocasiones me han preguntado: ¿Dónde nace la planeación estratégica?

La planeación estratégica tiene un principio muy sencillo; simplemente pregúntese: ¿Quiero hacer lo que estoy haciendo? Usted puede tomar la carretera a Cuernavaca y saber que *esa carretera va a Cuernavaca*. Pero si usted no quiere ir a esa ciudad sino a Puebla, está en el camino equivocado. Éste es el detonante del pensamiento estratégico: si usted sabe lo que quiere y continúa haciendo al pie de la letra lo que ha venido haciendo para conseguirlo en los últimos días, en los últimos meses y en los últimos años, la meta es totalmente segura.

Por ahí se dice:

Bienaventurados los que saben lo que quieren porque son los únicos que sabrán cuando han llegado.

Desafortunadamente la mayoría de las personas no sabe lo que quiere. Deténgase un momento y piense: ¿Las acciones que se llevan a cabo en mi empresa son las adecuadas, son las correctas para alcanzar los objetivos fijados? ¿Esos objetivos son los deseados o apuntamos a una meta equivocada?

Platón, en su obra *La República,* decía en forma muy clara: *A un líder se le puede perdonar absolutamente todo, menos que se equivoque.* Se le puede perdonar que beba demasiado o que tenga algún tipo de adicción, pero lo único que no se le puede perdonar es que se equivoque; si el líder se equivoca, arrastra con él a toda su organización o a toda su familia. Si el presidente de la República tiene un objetivo equivocado, o no tiene objetivos, arrastrará a toda su nación; si un director de empresa se equivoca en su objetivo se lleva entre los pies a toda su corporación. Deténgase un momento, reflexione si está usted apuntando a la dirección adecuada, si su objetivo es lo suficientemente claro, si sabe con exactitud lo que desea lograr; éstas son las preguntas básicas y estratégicas para un plan de éxito.

Sea un desobediente de orden superior

Cuando le decimos que sea un auténtico desobediente de orden superior no se sorprenda ni brinque de su asiento; la historia la han escrito los desobedientes mientras que curiosamente la mayoría piensa que el apego a las normas es lo que puede asegurar el progreso. Estoy de acuerdo en apegarse a lo establecido cuando hablamos de procesos de producción donde existen criterios de calidad y es necesario seguir normas estrictas para obtener el resultado deseado, pero la evolución y muchas veces la revolución realmente se inicia porque hay un desobediente que busca un orden superior.

Imaginemos por un momento la Edad Media. Si un joven quería casarse con una bella doncella iba a pedir permiso al jefe de la comarca, al duque o al príncipe. Por supuesto que en aquel entonces existía el famoso *derecho de pernada*; la doncella se veía obligada a pasar la primera noche nupcial precisamente con el dueño de la comarca. Usted seguramente no estaría de acuerdo con esa norma, pero en aquel tiempo no le hubiera quedado otro remedio que aceptarlo. Sin embargo, por ahí apareció un desobediente que dijo:

—Definitivamente no acepto la norma...

Y buscó un orden superior.

Cuando estoy en el Colegio de Graduados en Alta Dirección[1] con los jóvenes que formamos para que sean los líderes de Excelencia de este país, me gusta preguntarles:

—¿Tú con quién te vas a casar?

En alguna ocasión un joven me contestó:

—Pues con la persona que yo decida.

—¿Pero con quién? —insistí.

—Pues no sé.

—Piensa con quién —volví a insistir, y me contestó:

—Bueno, con la persona que más me guste.

—Qué afortunado eres —le dije entonces—; si hubieras nacido el siglo pasado te hubieras tenido que casar con la persona que te hubieran señalado.

Podríamos dar cantidad de ejemplos similares que han permitido evolucionar a la humanidad. De hecho el mundo es mucho mejor que hace 50 años, o que hace 100. ¿Por qué? Porque afortunadamente han existido seres desobedientes de las reglas establecidas, seres que han buscado un orden superior. Imagínese al tribunal de la Santa Inquisición; si en esa época usted hubiera sido judío y comía carne de cerdo en su casa, sería sentenciado a morir en la hoguera; merecería el calificativo de *infiel*. Comparadas con las de nuestros días, en cual-

---

[1] Miguel Ángel Cornejo es fundador y rector del Colegio de Graduados en Alta Dirección, institución dedicada al estudio y difusión de la Cultura de la Excelencia.

quier otra época de la historia de la humanidad las reglas eran totalmente injustas.

¿Qué es un desobediente de orden superior? Simplemente es alguien que no cambia sólo por cambiar. Quizá exista alguien que diga:

—Yo antes no bebía, pero ahora ya bebo.

O una persona que era muy trabajadora, pero que ahora ya es floja. Ya cambió, es cierto, pero ese cambio no necesariamente significa progreso. El progreso, como contraparte, sí significa cambio positivo; cuando usted cambia algo por un bien mayor le puedo asegurar que está progresando positivamente para ser mejor usted, su familia y su empresa. Eso es lo que hacen los desobedientes de orden superior: cambian para progresar.

Piense fuera de los límites establecidos

Cuando hablamos de los seres humanos que han escrito la historia y que realmente han contribuido a la humanidad, no podemos dejar de pensar en todos aquellos que desafiaron los retos de su época. Galileo Galilei, por ejemplo, desafió los dogmas de la Iglesia; Maquiavelo lo hizo al estudiar y publicar los juegos del poder en las cortes; Miguel Ángel Buonarotti desafió al pintar desnudos (simplemente imagínese lo que significaba pintar desnudos en el Vaticano); Leonardo Da Vinci también lo hizo al pintar a Judas en su célebre *Última cena*. Ellos desafiaron lo establecido y contribuyeron para que algo cambiara o mejorara en su tiempo.

Me gustaría que pensara en todas las normas que han regido a su familia o las políticas que tiene su empresa. Realmente valdría la pena revisarlas, desobedecerlas y buscar un orden superior: ¿Por qué no vender por vía telefónica? ¿Por qué no promover ventas por correo? ¿Por qué las ventas deben ser a 30, 60 y 90 días?

Tenemos que usar toda nuestra creatividad, buscar

nuevos parámetros mentales. Desafortunadamente a un gran número de ejecutivos se les forma "visión de túnel"; sólo ven hacia un punto fijo y siguen recorriendo los caminos establecidos por otros.

La creatividad consiste precisamente en pensar fuera de los límites establecidos y explotar así las nuevas ideas y los nuevos conceptos. Seguramente usted tiene muchos hábitos positivos; hábitos de aseo personal, de puntualidad, de conducir, de la ruta que sigue para llegar a su trabajo, etc. Pero también le quiero advertir sobre los errores que ha convertido en hábitos; hay muchos errores corporativos que perduran durante mucho tiempo y nadie se atreve a modificarlos. Es muy conocido el caso de empresas que en la última semana del mes venden toda la cuota que no habían vendido en las tres semanas anteriores; el departamento de facturación se satura, no se dan abasto el de surtido y el de entregas, y vienen cerrando el mes por el día 10 o 15. Han inventado el "mes de 45 días", pero mes a mes vienen incurriendo en el mismo error.

Es necesario que usted se detenga un momento y piense: ¿Hay errores en mi organización que se han convertido en hábitos? El director general juega golf todos los viernes, lo que significa que ese día no hay acuerdos y no hay cheques; ese día no se moviliza la organización porque el señor se está "desestresando". Tal vez sea un error convertido en hábito; siéntese por favor cómodamente y con todo el sufrimiento del mundo revise sus hábitos personales o corporativos. Ahí puede encontrar una fuente inagotable de mejoras para su vida y su organización.

Confianza significa predictibilidad

Para ganar su confianza, el trato del líder a sus seguidores debe ser de primera clase. Cuando estamos en el papel de subordinado (incluso si uno es dueño de su propio negocio se es subordinado del cliente), hay que ganarse la confianza del jefe. Mover a los de abajo es relativamente sencillo, y más en este país en que no se rebasa al jefe ni en carretera. Cuando hablamos de mover al de arriba ahí sí que la dificultad es mayor porque ante esa persona debemos tener credibilidad en nuestra opinión, autoridad en nuestro conocimiento, fe en nuestra dedicación y, por lo tanto, debemos conquistar su confianza. Pero, por favor, no confunda esto con ser servil o cortesano, porque habitualmente la gente quiere tener la estima de los de arriba a través de ser una persona auténticamente cortesana, un ser servil e incondicional que sólo adula el pensamiento y los oídos de su superior. Hablamos realmente de cobrar respeto y para ello hay que hacer que la gente de arriba tenga confianza.

La confianza es el sello que puede vincular al líder con sus seguidores y sólo se logra cuando el seguidor y el líder tienen *predictibilidad* y *congruen-*

cia en lo que hagan. En general, resulta muy difícil pensar que un subordinado pueda mover a su jefe, que pueda ejercer alguna influencia en él, lograr que compre ideas y proyectos. La próxima ocasión que usted presente una idea a su jefe no acepte un *no* por respuesta; no piense para sus adentros: "Es que mi jefe es muy bruto".

Mejor cuestiónese por qué usted no supo venderle la idea, no planteó datos confiables, no hizo una presentación atractiva. Éste es el gran desafío de un subordinado, lograr conquistar la confianza de su jefe. Ganar esa confianza le va a redituar muchísimo. ¿Por qué? Porque si usted es una persona ágil puedo asegurarle una cosa: usted es el candidato para el próximo ascenso. ¿Quiere ascender? ¿Quiere ganar más? ¿Quiere tener éxito? Aprenda a dar, a trabajar más arduamente, y le aseguro que los resultados llegarán.

Nada es más injusto que un trato igual a desiguales

Pensar que con un mismo estímulo todos los seres humanos se moverán en la misma dirección es creer que todos somos iguales; los seres humanos somos contradictorios y no respondemos como el agua que, por ejemplo, hierve invariablemente a 112 grados farenheit. Los seres humanos somos definitivamente impredecibles, por lo que hay que dar un trato singular y especial a cada uno de nuestros semejantes o subordinados.

Con esto no quiero decir que usted establezca políticas y normas para cada uno de los miembros de su equipo; sería imposible. Requerimos de normas de carácter general establecidas para guiar la conducta y las acciones de cada uno de los miembros de la organización. Pero al mismo tiempo es muy importante que el trato sea individual, que realmente se haga sentir a cada miembro de su equipo como alguien singular e irrepetible.

Si usted en este momento caminara por las calles de la ciudad de México, piense en cuántos millones de personas habitan esta gran metrópoli: 20 millones. En este país somos más de 90 millones. Se calcula que en el mundo vivimos 5 500 millones de seres humanos y, lo más curioso, es que cada uno de nosotros nos sentimos el ser más importante de la creación. Por supuesto que esto es verdad; cada uno de nosotros somos los seres más importantes de la creación. Pero si lo que queremos es entablar relaciones exitosas con superiores, subordinados o colegas, hay que hacerles sentir a todos y cada uno de ellos como el ser más importante sobre la faz de la Tierra.

¿Por qué se deteriora una relación conyugal? ¿Por qué perdemos a un amigo? ¿Por qué tenemos conflictos familiares? La razón es que los hemos maltratado; no les hemos dado el trato adecuado y obviamente hemos perdido esa empatía que atrae, hemos perdido la influencia del líder que actúa con trato de Excelencia.

Usted seguramente habrá visto a ese tipo de personas que, por ejemplo, llegan a un lugar congestionado, pero siempre hay una cajera que los quiere atender; aquella persona que llega a un restaurante y siempre hay alguien que le quiere dar prioridad, que la distingue. La clave es el trato que esa persona ha dado a los demás; en esas sencillas relaciones cotidianas ha plasmado su sello personal y al momento de llegar a cualquier parte, todo el mundo la identifica por su trato de Excelencia, el trato especial característico del líder.

El líder es un original

No existe una tipología de líder a seguir; intentar encasillar a un líder dentro de una serie de características para imitar su éxito es un terrible error. Abundan las teorías que insisten en *vender* al ejecutivo de éxito, el cual responde a ciertos requisitos establecidos por los teóricos. El líder, al igual que todo ser humano, es único y singular; puede ser gordo, chaparro, hombre o mujer, bonito o feo, con buen carácter o no tan bueno, etcétera.

La persona que aspire a ser líder lo primero que tiene que hacer es borrarse para siempre la idea de que existe una tipología "ideal" para ser líder. Todos los seres humanos tenemos el potencial suficiente para ser líder, pero también contamos con las debilidades que pueden impedir serlo, por lo que es imposible ajustarse a un patrón.

La revista estadounidense de negocios *Fortune*, publicó un trabajo estadístico muy singular acerca de los 800 ejecutivos mejor pagados de Estados Unidos y establecía que en conjunto estos ejecutivos ganaron en un año alrededor de mil millones de dólares. Por supuesto, cada dólar pagado a estas personas produjo 250 en ventas, lo que quiere decir que se trata de ejecutivos altamente productivos. Curiosamente, en ese estudio estadístico de *Fortune* no se pudo precisar una tipología común; detrás de esos hombres no se encontró a un "superman" con características que pudieran servir de guía a otros para dominar el mundo de los negocios.

Si usted aspira a ser un líder, lo primero que tiene que hacer es aceptarse tal como es; acepte por igual sus potencialidades y sus debilidades.

Desarrolle sus potencialidades; recuerde que acostumbramos pasar toda la vida fijándonos sólo en el error. Si uno de nuestros hijos es, por ejemplo, flojo en matemáticas y obtiene malas calificaciones, lo ponemos a estudiar matemáticas día y noche; pero si el chico tiene un gran talento musical jamás lo apreciamos. Por favor, deténgase un instante ante sus hijos y piense: ¿Cuáles son sus potencialidades? ¿Cuáles son sus habilidades?, y dedíquese a estimularlas e impulsarlas.

El líder de Excelencia no se apoya en las debilidades de sus seguidores; se apoya en sus propias potencialidades. Ahí está el secreto de un gran líder: en que busca la expresión máxima de cada subordinado y con ella hace una auténtica obra maestra.

La presencia del líder, su lenguaje y sus modales son parte de su éxito

Aunque existen diferencias entre las acciones del líder y lo que muestra a los demás, siempre es tan importante la esencia como la presentación de una gente de gran calidad.

Baldassare Castiglione escribió en el siglo XVI la obra titulada *Il Cortegiano* (*El cortesano*) en la que destaca la importancia de los modales para tener éxito en las cortes de aquellos tiempos. También hoy las cortes existen, son las cortes de los negocios y hay que saber moverse en ellas; hay que tener ciertos modales, un estilo, un guardarropa específico, y toda una serie de elementos muy importantes que permitan compartir y departir al mismo nivel tanto de los operarios como de los accionistas. Hay que adoptar un comportamiento que vaya desde disfrutar una deliciosa barbacoa el sábado con todo el personal de una empresa hasta gozar una cena muy elegante en la cual se va a hablar de los nuevos productos para el año siguiente.

El líder, por medio de su atuendo personal, sus

modales y su lenguaje deberá tener precisamente el mimetismo del camaleón y con esa habilidad ingresar y ganar la confianza para comunicarse en los diferentes medios en los que se mueve y actúa. El empaque, es decir, la apariencia y presencia de un ejecutivo, hombre o mujer, está íntimamente relacionado con su contenido. En la mañana, cuando usted se arregle, cuando esté dispuesto a salir a la calle, pregúntese, por favor: ¿Mi presentación va de acuerdo con mi contenido? ¿Realmente mi presencia personal refleja mi interior? ¿Llevo el empaque acorde con mi talento? Esto es muy importante pues la gente olvida que la presentación cuenta mucho en el mundo ejecutivo.

En los recientes viajes que realizamos a Asia nos hemos percatado de que en las escuelas de negocios de Taiwan, Singapur, Corea y por supuesto las de Japón, se imparten a los empresarios clases especiales de modales para que puedan moverse exitosamente en Europa o negociar en Estados Unidos. Ellos están capacitados para seguir el estilo dominante y vigente en el país con el cual se quiere comerciar. Están convencidos de que para alcanzar una posición de confianza para negociar es importante y fundamental actuar como el interlocutor. Quizá no es más importante la presencia que el contenido, pero sí es el complemento adecuado, y esto es porque de lo contrario sería como un loro; una persona con mucha presencia y poco contenido. Si conseguimos el binomio contenido–presencia tendremos una llave más para lograr el éxito personal y corporativo.

Cuidado con el poder

Existen jefes mediocres que se preocupan más por demostrar su grandeza y su dedicación, humillando y aplastando a los demás, que por motivarlos para que empleen mejor sus potencialidades. Estos jefes no han comprendido que un colaborador maltratado es una fuente inagotable de obstáculos y si esperan que a través de incentivos económicos conseguirán aliados, están equivocados; los empleados solamente permanecerán a su lado como seres mercenarios que en la primera oportunidad los traicionarán o se irán con el mejor postor. Un empleado hostil es un bien que el dinero no puede cambiar. Se ha cultivado adversidad y tarde o temprano se cosecharán conflictos.

Es un principio, el que todo líder que aspira a la Excelencia, no debe competir con alguien que no puede hacerlo con él. Por ejemplo, si usted está jugando ajedrez con su hijo de ocho años, por favor no compita; juegue con él, diviértase, no se sienta bien por humillarlo, por hacerlo sentir que usted sabe mucho más que él, sencillamente juegue. Si tiene un subordinado que está fallando o un hijo que está careciendo de algunos conocimientos, no

compita con él, mejor enséñele, capacítelo, estimúlelo para que siga adelante. Si usted se dedica sólo
a humillar y demostrar que es el amo de todos los
conocimientos, que sabe muchísimo más, habrá
perdido a un valioso ser. Tome en cuenta que si su
subordinado supiera más que usted él sería su jefe,
su padre si es su hijo, su maestro si es su alumno.
Él espera que usted lo dirija y, por tanto, es fundamental que usted jamás trate de competir con su
subordinado. Recuerde: sencillamente juegue cuando deba jugar.

Por favor, nunca humille. La humillación es tal
vez uno de los elementos más nefastos de la relación de un líder con un subordinado. Se convierte
en lo que nosotros llamamos: "cuentas por cobrar".
Después de una humillación un subordinado quedará muy resentido, abrirá su *librito de cuentas por
cobrar* y va a anotar esa humillación para cobrárse-
la más adelante, y... ¡cuidado! porque puede ser
que su automóvil, ese último modelo que acaba de
adquirir, vaya a amanecer con un pequeño rayón
porque su subordinado pasó cerca con un clavito...,
él sencillamente sintió sensacional y le cobró una
cuentita. Las fallas de calidad en gran parte son
cuentas por cobrar de subordinados humillados que
jamás han recibido una disculpa satisfactoria —no
económica— por parte de su líder. ¡Piénselo... es
importante!

El poder se tiene que ganar

El líder que piensa que puede lograr que los demás hagan lo que él quiere por el simple hecho de ser mayor o estar arriba en el organigrama, o porque alguien le ha concedido poder y por ello a una orden todos se van a mover, está totalmente equivocado; el poder es algo que se tiene que ganar, la autoridad se obtiene por el mandato que alguien nos concede, pero el poder hay que adquirirlo.

Cuando alguien llega a la cima, mucha gente dice: "¡Bravo...! Ya llegaste a la punta del poder, llegaste a la máxima posición de poder".

¡Esas personas están equivocadas! Cuando usted es ascendido aún no ha llegado; apenas empieza a ascender. Ahora empieza el reto de que los demás hagan lo que usted quiere y que lo hagan con buena disposición. Y aquí hay que entender algo que es fundamental: si bien los líderes tenemos que apoyarnos en la autoridad que se nos concedió debemos recurrir a la persuasión, al convencimiento y muchas veces a la seducción para poder "enamorar" a nuestros seguidores y adherirlos a las ideas que nosotros queremos que sigan. Un líder debe ser un experto en señalar objetivos, debe ser verdaderamente visionario para fijarlos, pero eso es apenas el 50% de su éxito, el 50% restante es su capacidad para hacer que los demás hagan suyos esos objetivos y los compren.

Si usted quiere llevar a su equipo de trabajo a la Excelencia recuerde siempre esto:

Fije correctamente los objetivos e inmediatamente dedíquese a venderlos.

Hay que entusiasmar a la gente, motivarla para lograr el objetivo. Si usted lo logra, le aseguro que está haciendo una labor verdaderamente institucional encaminada hacia la Excelencia. La gente espera siempre una cifra en la cuota de ventas, en la cuota de producción, una norma a lograr, un objetivo señalado, pero olvida que para poder conquistar la meta hay que convencer a la gente. Con los salarios podemos alquilar mercenarios, pero para contar con la buena voluntad, la decisión, el entusiasmo y la motivación de nuestra gente se requiere el talento de comunicación del líder. Si usted no es vendedor de ideas, si usted no es un magnífico vendedor, olvídese...; jamás será un líder de éxito. Como decía Watson:

Las ventas se inician con lo más difícil, vender ideas; es tener ese talento para que la gente compre nuestro concepto y muchas veces tenga que dar no 8 o 10 sino 12 o hasta 15 horas diarias para lograr que el objetivo se logre.

Nadie es necesario, todos somos indispensables

Los organigramas son unos papelitos muy interesantes en los que se nos muestran las jerarquías y las líneas de autoridad, pero poco dicen de la funcionalidad de una organización porque, como sabemos, del director de producción dependen 10 o 18 departamentos, al igual que de un gerente de finanzas o del gerente de ventas, y al final resulta que para que el área de producción pueda funcionar necesitará que el departamento de recursos humanos le mande la gente adecuada con las calificaciones y requisitos para una producción de calidad. Para entregar el producto a tiempo se necesita que el departamento de compras, que no depende directamente del área de producción, abastezca los productos y las materias primas en las calidades y especificaciones requeridas, y resulta que el área de producción también depende de que de finanzas le llegue el dinero para tener los abastos suficientes. Resulta que nuestro gerente de producción depende por entero del resto de la corporación para lograr su objetivo, y él se cree independiente y autónomo mandando en su pequeña isla feudal. Esto es un gravísimo error; en los organigramas no aparece y se nos olvida un elemento fundamental que se llama *interdependencia.*

En las organizaciones existe algo que se llama "islas de poder". Piense por un momento en su empresa y le puedo asegurar que en ella actualmente hay varias islas de poder. Los de producción se creen únicos y exclusivos. Y resulta que los de ventas, ¡uf... se sienten "la última cerveza del estadio"! ¿Los de finanzas? ¡Qué barbaridad! Piensan que el dinero es la sangre vital para mover a toda su organización, y así resulta que nuestros tres "reyes magos" (producción, ventas y finanzas), están ahí *mandando* sobre toda la corporación, y están en un gravísimo error. Para que una empresa pueda lograr sus objetivos no hay gente necesaria: todos son indispensables... Es igualmente importante la gente de empaque, de embarque, de entrega, de facturación, de pedidos. Así como el director y el presidente de consejo, todos son indispensables para lograr la Excelencia en una organización. Reflexione un momento sobre quién sería la persona más importante en un restaurante: ¿El director o la persona que retira los platos sucios y los sobrantes de las mesas? Le puedo asegurar que ambos cobran un papel primordial para lograr la Excelencia del negocio, que se perderá el día que aterrice la mosca en la mesa porque no se retiraron los platos sucios a tiempo.

El perder la Excelencia está en manos de *todos;* por ello decimos que *todos* son indispensables en una organización.

Nuestra gente es ambiciosa, tie...
seos y nosotros contribuimos a...
de nuestra empresa sembran...
biciones para lo cual neces...
La motivación es un e...
cualquier ser humano.
Hay motivaciones...
ejemplo, usted ...
puntapié. Alguien...
Sí, pero a fi...
tivación signi...
piés, hay ...
pensas, ...
legítimo...
Ha...
me...

dante, fue...
do equivale a califi...
cuando el concepto está tota...

Reflexionemos: a usted le interesa su...
hijos, su nación. Bien, pues le voy a dar una n...
cia: ¡Usted es un interesado! En realidad, aquellos
que no tienen interés son gente muerta en vida; es
más, esa gente parece como si estuviera disecada
por no tener ambiciones.

Lo único que mueve al hombre es el deseo de ser
mejor, de tener una casa, un automóvil, una bonita
familia, de recibir un título profesional, de ser una
persona preparada. Los deseos mueven al ser humano. Existen obviamente deseos positivos y deseos negativos, y como líderes nosotros tenemos
que capitalizar los deseos positivos de los demás.

...e sus propios de-
...su proyección y a la
...o en ellos nuevas am-
...tamos motivarlos.

...emento fundamental para

...de muy diversa índole. Por
...ede motivar a su perro con un
...dirá: "Lo maltrataste".

...al de cuentas el perro se movió. Mo-
...ca "mover", hay quien mueve a punta-
...quien lo hace con zanahorias o recom-
...hay quien mueve por medio de deseos
...s, estrellas y sueños a realizar.

...ce días leía una noticia en la que Irán des-
...ntía a la prensa occidental que afirmaba que en
...se país se instauraría la pena de muerte para las
mujeres que no llevaran un velo sobre el rostro. La
noticia señalaba:

*Las autoridades iraníes han desmentido que se
vaya a aplicar la pena de muerte..., en realidad
la pena para aquellas mujeres que no lleven un
velo sobre el rostro será tan sólo de 74 latigazos
y un año de cárcel...*

¡Imagínese qué motivante decreto para no llevar
velo en el rostro!

Yo creo que lo más importante para una empresa, para una nación y para una familia es tener motivos para ser mejor, y yo le aseguro que si usted
se dedica a enriquecer a su personal para que quiera hacer las cosas, usted va a lograr resultados sorprendentes.

Empiece por preguntarse si prefiere que sus hijos "tengan" o "quieran" estudiar, que sus trabajadores "tengan" o "quieran" trabajar. ¿Desea usted que la gente "tenga que hacer las cosas" o prefiere que "quiera hacer las cosas"? La respuesta lógicamente está en motivar a la gente para que "quiera" hacer las cosas.

La responsabilidad, un gran motivador

En todas las empresas, desde tiempos inmemoriales, ha existido la inquietud sobre cómo motivar a la gente, y lo mismo se preocupaban antiguamente los egipcios por mover a sus soldados o a sus esclavos para levantar las colosales pirámides; como actualmente la más sofisticada o estereotipada organización quiere mover más rápidamente a su gente. A lo largo de la historia se ha podido buscar, encontrar y localizar los principales motivos que un ser humano tiene para aspirar realmente a tener éxito.

Cuando se habla de la Excelencia se dice que un líder debe ser un fabricante de campeones, un fabricante de estrellas que pueda lograr los sueños por él señalados. Curiosamente encontramos que la responsabilidad es motivante. Cuando a una persona se le da más responsabilidad se siente más importante. La confianza mediante mayor responsabilidad es un anhelo universal por lo que las personas ponen más entusiasmo en su trabajo. Cuando una persona asciende, curiosamente aumenta el salario, pero resulta obvio que también aumentan las responsabilidades. Haga usted este pequeño ejercicio: tome a su hijo mayor, aunque tenga siete u ocho años, y dele la responsabilidad de cuidar a su hermanito menor de tres años... ¡Lo va a traer asolado! ¿Por qué?, porque la responsabilidad es un gran motivante y es un reconocimiento al talento de las personas.

Alguien ha pensado que el salario es motivacional ¡y resulta que no! El salario no es motivacional; en realidad es *disatisfactor*, lo que significa que lo apreciamos sólo temporalmente, cuando lo empezamos a disfrutar, después nos acostumbramos a él y lo apreciamos nuevamente cuando lo llegamos a perder. Un aumento de salario es muy motivante los primeros 30 días, a los siguientes 60 ya es costumbre y a los 90 ya se siente usted igualmente explotado que hace 90 días. Y así va pasando ese impacto original que fue el aumento. Los aumentos salariales son higiénicos, sirven para que la gente tenga un buen nivel de vida, para que pueda tener y adquirir lo que desea, pero una organización no se puede basar en motivadores económicos porque solamente va a contratar mercenarios que a la menor oportunidad se irán con un mejor postor, con aquel que les ofrezca un poquito más. En ese momento cambiarán de trabajo.

La capacitación como salario espiritual

Hablar de los motivadores es hablar de la esencia del ser humano. La motivación tiene muchas dimensiones, especialmente cuando hablamos de un elemento que ha mostrado en la práctica ser un gran motivador: la capacitación. Según los expertos, cuando una persona recibe capacitación, está recibiendo no un salario económico sino un salario espiritual. ¿Por qué? Porque cuando recibe capacitación esto se traduce en el colaborador como:

"¡Yo te intereso y tú estás invirtiendo en mi talento...!"

Esto a la gente la hace sentir importante y sabe que a través de la capacitación está logrando aumentar su talento, lo que invariablemente va a tener como consecuencia un ascenso.

Usualmente la gran mayoría de las empresas paga un salario económico a través del cual pueden obtener mano de obra calificada, personas verdaderamente capaces para realizar una tarea. Sin embargo, las empresas de Excelencia se distinguen en el entorno internacional porque además de dar un salario económico dan un salario espiritual, capacitación, y no hablamos únicamente de la de índole técnica sino también de capacitación en aspectos humanos y sociales.

Todas las personas, cuando recibimos nuestro salario, ya sea cada 15 días, cada semana o cada mes, llegamos a la casa, repartimos ese dinero, lo distribuimos entre colegiaturas, el gasto, la renta, etcétera, y estamos compartiendo el fruto de nuestro trabajo.

Cuando a un trabajador se le da formación humana, ecológica, sobre la calidad del ser humano, también llega a su hogar y la comparte con su pareja, sus hijos, sus vecinos y es a partir de ese momento que ese ser humano empieza a ser mejor; ha recibido más allá de un salario económico. Imagine el caso de una persona que llega a su hogar y en un momento determinado su esposa decide abandonarlo porque hay otro señor que le está ofreciendo una mayor cantidad de dinero; por supuesto que entre ellos no había valores espirituales, solamente estaban unidos por valores meramente económicos. Para poder conquistar corazones, para conquistar ese orgullo de pertenencia y ese ponerle espíritu de obra al trabajo, una empresa requiere no solamente de mano de obra calificada, sino también de ese espíritu para hacer las cosas con cuidado, con calidad y con diligencia. Definitivamente se tiene que conquistar a través de otro tipo de estímulos y la capacitación viene a ser uno de los elementos más importantes para conquistar el espíritu de los seres humanos.

Invierta usted en la capacitación de su gente y recuerde que la ignorancia es definitivamente un elemento que perjudica a la organización en todas sus dimensiones. La educación es cara, pero la ignorancia lo es más.

El triunfo se alimenta del triunfo

El más importante de todos los motivadores del ser humano es el triunfo, y el triunfo se alimenta de triunfo. El éxito se alimenta de éxito. Para poder fabricar un campeón lo más importante es hacerlo *adicto* al éxito. La forma en que se puede desarrollar el espíritu competitivo es consiguiendo que la persona se vuelva adicta al triunfo. Reflexione un segundo: si usted ha tenido éxito en alguna actividad de su vida y ha saboreado lo que sintió en ese momento, ¿le gustaría volver a sentirlo? ¿Le gustaría subirse precisamente a ese lugar en el que solamente están los triunfadores: "el podio de los campeones"? Por eso la forma de fabricar un campeón, ya sea olímpico, en ventas o en producción, es precisamente mediante la accesibilidad a lograr metas y objetivos concretos de éxito.

Existen algunas empresas de corte internacional que se han distinguido a través de su historia por tener grandes vendedores estrella que cuando se les ha preguntado cómo lograron su éxito respondieron en forma muy sencilla:

Mire..., cuando nosotros tenemos una zona de venta que puede dar 100 y nuestro equipo de ven-

dedores en ese lugar está dando solamente 10, el objetivo que le ponemos de inmediato es que logre no 100, sino 15 y cuando llega al 15 le echamos porras, como siguiente ponemos medallas, lo celebramos y después le ponemos como siguiente objetivo el 20, y así lo llevamos gradualmente al 30, al 40, al 50 y finalmente al 100.

Si su hijo saca cinco en matemáticas, por favor no le pida un diez; pídale que obtenga el seis, y el próximo mes, cuando lo obtenga, échele porras de triunfo, dele ánimos y dígale:

"Ahora sí hijo mío, vamos por el siete..." —

Y cuando llegue al siete estimúlelo otra vez; llegue así al ocho, al nueve, al diez y llegará a tener un estudiante de Excelencia. Para fabricar un campeón olímpico es exactamente lo mismo; cuando un joven tiene potencialidades, talento y se le ve madera, se le fija una meta que él pueda alcanzar, que pueda ser realizable. Cuando llega a esa meta inmediatamente empieza la lucha por los segundos: ahora dos segundos menos y luego tres, cinco y hasta que se rompe el récord olímpico y luego el récord mundial. Ésta es la forma de fabricar un campeón.

La única manera de saborear el éxito es teniendo éxito, y por eso es muy injusto que a nuestros subordinados les pongamos metas inalcanzables, metas que nunca van a conseguir, y que por lo mismo los desmoralizan. Las metas inalcanzables desmotivan o hacen que la gente ya no quiera seguir luchando por lograr algo que ya mostraron que no pueden alcanzar.

Ponga objetivos alcanzables y cuando se logren, por favor, entregue reconocimientos abundantes. Esto los va a estimular para que logren un objetivo superior.

La magia del reconocimiento

Uno de los elementos importantes que todos necesitamos para ser algo en la vida es sentirnos reconocidos social, profesional y técnicamente. En resumen: recibir reconocimientos. Piense que un niño es como un vaso medio lleno; para que ese niño llegue a ser un adulto plenamente realizado necesita llegar a la adultez como un vaso lleno, que llegue sin carencias porque entonces serán los psiquiatras o los psicólogos los que se dediquen a tratar de resolver esas carencias que tuvo en su niñez.

La persona que, en cambio, ha recibido las caricias necesarias, el niño que ha sido receptor de estímulos positivos y del amor de sus padres, seguramente va a poder dar porque tiene el vaso rebosante. Ese adulto dará lo mucho que ha recibido a lo largo de su niñez porque nadie puede dar lo que no tiene. Mucha gente cree equivocadamente que puede dar cosas que no tiene; una persona puede prestar dinero siempre y cuando lo tenga; un trabajador puede dar calidad siempre y cuando tenga calidad en su mente y en sus manos; una persona puede dar cariño siempre y cuando tenga dentro de su corazón ese sentimiento tan importante.

El reconocimiento es una necesidad universal que nos acompaña desde la cuna hasta la tumba, es algo que vive y perdura en nosotros para siempre. Nuestro trabajo requiere reconocimiento y desafortunadamente nunca sorprendemos haciendo bien las cosas a nadie; siempre los atrapamos haciéndolas mal. Esto nos sucede con nuestra pareja, nos quejamos de ella y sólo analizamos sus defectos y carencias. En nuestros hijos únicamente vemos sus debilidades y sus malas calificaciones. Y así estamos viendo y criticando a toda la gente; nunca los atrapamos haciendo las cosas bien. Llegue hoy a su casa y, por favor, descubra a su esposa haciendo algo bien, descubra a su hijo estimulando una potencialidad, seguramente alguien hizo algo bien en el hogar el día de hoy. Lo mismo pasa en su fábrica, lo mismo en el restaurante al que va a ir.

El reconocimiento invita a repetir la experiencia de hacer las cosas bien desde la primera vez, y si nos acostumbramos a hacerlas así nos sentiremos realizados; la gente responderá positivamente y lo más curioso: los líderes de esa gente serán mejores servidores.

Sin embargo, normalmente estamos en la parte oscura de los seres humanos. Tenemos que visualizar que todo ser humano tiene potencialidades porque no hay ser humano que no las tenga. De lo contrario estaríamos hablando de un monstruo. Tampoco hay ser humano que no tenga defectos, de lo contrario no sería humano; sería un querubín... algo definitivamente extraño.

Todos los seres humanos somos una amalgama de potencialidades y debilidades, pero un líder con visión está pensando permanentemente en la potencialidad de su gente; identifica a cada uno de los que forman su equipo de trabajo, su familia, cada uno de ellos tiene una potencialidad, piensa en ellos imaginativamente y la localiza. Cuando usted llegue a su trabajo o a su hogar recuerde que la gente necesita el reconocimiento para lograr plenamente su realización.

La vida por una medalla

Cuando abordamos el tema del reconocimiento, las hojas de este libro nos parecen cortas y quisiéramos poder tener todo el espacio posible para hablar sobre su importancia y trascendencia para el ser humano. Sin el reconocimiento no podríamos vivir. Piense en las medallas, esos trofeos de vida, esas competencias olímpicas de cada cuatro años en las cuales los jóvenes se esfuerzan y se exigen al máximo. Para ellos, las competencias olímpicas significan la culminación de un importante tiempo de su vida —cuatro años de entrenamientos forzados—, para que en sólo un instante se decida el resultado de todo el esfuerzo realizado. Piense en aquel corredor de 100 metros, el cual en apenas diez segundos va a concretar toda la ardua preparación que lo llevó a ser competidor olímpico. Al final, ¿qué es una medalla para él? Es el justo reconocimiento a todo su esfuerzo.

Por eso el reconocimiento sigue siendo básico para cualquiera que persiga metas y objetivos que significan retos, que lo impulsan a sacar fuerzas desde el fondo de su ser, a seguir una recia disciplina, y al final queda ese orgullo de lo realizado.

En experimentos muy interesantes sobre lo que significa para los competidores el estímulo de la meta, se pidió a un grupo de competidores que corrieran los poco más de 42 kilómetros del maratón, pero sin señales en el camino, por lo que ellos no sabían cuántos kilómetros llevaban recorridos; mientras otros maratonistas corrían con la misma calidad deportiva, la misma ruta, pero incluyendo señales con las cuales podían identificar si llevaban 10, 15, 20, 30 o 40 kilómetros recorridos. El rendimiento de este último grupo, el que sí contaba con señales, fue sorprendemente más alto que el primero, lo que nos habla de que conseguimos mucho más si tenemos señaladas las metas intermedias a lo largo de nuestro camino.

Una organización debe tener metas muy bien señaladas, objetivos muy claros que todos puedan distinguir y visualizar, y debe dar la información a sus integrantes cuando ya se está llegando y cuando ya se acerca la meta. Al saber sobre su propio avance, la gente aumenta el rendimiento en forma extraordinaria; se brinda "el extra", se obtiene esa milla adicional, esa energía guardada, porque se tiene la certeza de que se está acercando a la cima. Cuando el montañista está a punto de escalar una gran montaña primero visualiza la cima, y ese gran desafío se tiene que estar visualizando permanentemente y tiene que estar midiendo sus fuerzas para saber en qué momento tiene que inyectar la última reserva de energía para alcanzarla.

Cuando se tienen los objetivos bien claros y bien señalados, usted va a rendir más. Por eso es muy importante que se siente con su equipo de trabajo y le fije las señales, las metas, las prioridades y sobre todo lo vaya estimulando durante el mes para que sepa en qué momento está a punto de alcanzarlas; usted descubrirá nuevos y sorprendentes resultados.

El arte de la contradicción

Para entrar al mundo de la creatividad, hay que empezar considerando lo ilógico. La lógica consiste en pensar sin contradicción; la creatividad es el arte de la contradicción. Si usted analiza todos los avances tecnológicos que nos rodean, estará de acuerdo en que en el tiempo en que se realizaron parecían totalmente ilógicos, desafiaban lo establecido, atentaban contra la costumbre, contradecían lo que todo mundo hacía. Usted y yo hemos sido testigos de los avances de la industria automotriz; automóviles con computadoras, resultado de que una persona creativa e inventiva se sentara ante un tablero común y corriente y se preguntara a sí mismo: ¿Por qué tengo que leer yo los instrumentos del automóvil? ¿Por qué no es el automóvil el que lee los instrumentos y me da la información? Y así nació la idea del procesador electrónico en el automóvil que nos recuerda cuando la puerta está abierta o el cristal abajo, entre otras cosas. Otro ejemplo es el teléfono, que también en su tiempo resultó ilógico para muchos. Albert Einstein, uno de los hombres más geniales de nuestro tiempo, decía:

Es más importante la imaginación que el conocimiento; lo más importante es verlo en un sueño y luego luchar para hacerlo lógico y poder alcanzarlo.

Ahí está el origen de la creatividad, por eso los seres humanos que son mediocres nunca desafían lo establecido, jamás aspiran a algo más allá de lo ordinario, sencillamente se acomodan en la vida y jamás se meten en problemas.

A lo largo de mi experiencia como investigador y entrevistador de líderes sociales y empresariales, la mejor definición de creatividad que he encontrado es que el ser creativo significa ser un descubridor permanente de problemas. Métase en problemas y descubra en su organización situaciones novedosas como una nueva campaña de ventas, un nuevo producto, una nueva línea de servicios u otra tecnología. El auténtico ser creativo se mete en problemas; la idea la tiene aunque todavía no conozca la solución.

Antes de inventar la bombilla incandescente, Thomas Alva Edison intentó sin éxito poco más de cinco mil veces..., es decir que creó cinco mil problemas..., todo un desafío. Imagíneselo usted en el desafío 3 214, o en el 3 215, o el 3 216..., y a pesar de los escépticos y de los que no creían en él, perseveró hasta lograr lo que buscaba. Intente realizar sus sueños y recuerde lo que dijo San Agustín: "La fe consiste en creer en lo que no vemos"; luego luche con tenacidad para que finalmente puedan ver físicamente lo que usted cree: ahí está el desafío de la creatividad.

El compromiso a vivir

¿Por qué nos resistimos a cambiar? Vivimos tiempos de mucha velocidad, tiempos en que el cambio no puede esperar para mañana; hoy es el día de la decisión y el compromiso. Cada intento por mejorar debemos realizarlo como si fuera nuestra última opción. Diferir nuestras metas de superación es renunciar a un mañana mejor. El presente es consecuencia lógica del pasado y el futuro será el resultado de mis acciones de hoy; pensar que mañana algo va a mejorar sin emprender ninguna acción concreta el día de hoy, es petrificar en una esperanza sin base la única garantía del futuro. El compromiso es aquí y ahora.

¿Por qué nos resistimos tanto a mejorar? Estamos instalados en la burguesía de la mediocridad, desechamos la oportunidad de probar nuevos caminos, nos negamos el derecho que todos tenemos a ser mejores, y como nos molesta que se nos critique nuestra tibieza y apatía, entonces preferimos pensar:

¿Qué saben ellos de mis circunstancias? ¡Para los demás es fácil decir que yo debo cambiar! ¡Ellos no están en mi lugar! ¡Que se vayan muy lejos! ¡Yo sé que estoy bien!

Y en el fondo la molestia real es porque sabemos que la crítica es cierta, y descubrimos que nos queda una pequeña chispa de conciencia que nos reclama la superación y nos dice que tenemos mucho camino que recorrer. Sin embargo, la era *light* nos domina; en nosotros gana la opción de los tiempos del descompromiso que nos invita a gozar todo sin esfuerzo.

¡Comprométete hoy con tu vida, acepta el cambio y decídete a triunfar!

Generando riqueza

Riqueza es la acumulación de cosas valiosas y la emulación de virtudes; es el todo legítimo. Es necesario tener ambiciones aun cuando la palabra "riqueza" en nuestro inconsciente tenga una connotación negativa. Una persona con pocas ambiciones tendrá por supuesto pocas realizaciones, lo importante es convertir nuestros deseos en realidades en forma ética y legítima, pues es el único camino para disfrutar plenamente lo logrado. Hoy se hace indispensable sembrar empresas generadoras de riquezas materiales para poder erradicar la miseria a través de centros productivos, donde el ser humano pueda alcanzar los medios para su propia y plena realización. No se puede ni se debe subsidiar la incompetencia y para muestra no presentamos sólo un botón, sino muchos años de desperdicio por una pésima administración gubernamental; un gobierno jugando a ser empresario. El resultado: mayor miseria y endeudamiento. Si deseamos conservar este país tendremos que darle la opción a 40 millones de mexicanos que viven en extrema pobreza, y la solución es darles la capacidad para ser productivos, y aquí las empresas juegan un papel determinante, pues a través del trabajo se les da la oportunidad de vivir y a través de la educación se les da la opción de su plena realización. A las empresas se les presenta la opción de sembrar en cada uno de sus trabajadores valores y virtudes, y de esta forma realizar la arquitectura social humana, pues no basta con tener riqueza material, se hace indispensable tener valores vertebrales que guíen al ser humano como una brújula guía a la embarcación hacia un destino más alto y noble.

Los líderes que hemos formado en nuestro Colegio de Graduados llevan, por un lado, la consigna de generar éticamente riqueza material y, por el otro, el compromiso de trascender históricamente a través del enriquecimiento espiritual de cada uno de sus trabajadores.

Estamos convencidos de que nuestro breve existir vencerá al tiempo a través de una herencia que logre impulsar a otros seres humanos a evolucionar hacia un estado superior; esto es un compromiso con nosotros mismos, con México y con Dios.

El ser excelente

La mediocridad debería ser declarada enemiga nacional. Es uno de los factores que nos han llevado al estado actual: una crisis ecológica, económica, política y social. En la medida en que un mexicano decida ser excelente tendremos la seguridad de que hay un mediocre menos en nuestro país.

La mediocridad es, además, una de las principales fuentes de la delincuencia. Quien desea tener un extraordinario automóvil, pero no tiene la determinación y el coraje para trabajar intensamente y conseguirlo, tal vez decida adquirirlo por la vía más corta y sucia: el robo. Quien es un mediocre y desea una pareja sensacional, pero no está dispuesto a seducirla, conquistarla o enamorarla puede elegir el camino más breve: la violación. Quien busca ganar una discusión y no está dispuesto a prepararse e investigar para contar con más argumentos persuasivos, se refugia en la violencia. Como usted puede ver, la mediocridad debería ser declarada un *mal nacional* y, por otra parte, se debería despertar en todos los mexicanos una nueva mentalidad de triunfadores, convencernos a nosotros mismos de que *sí* se puede, que poseemos todo para lograr el éxito. Para ello es necesario reunir todos los medios a nuestro alcance para despertar de ese letargo en el que los mitos negativos han sumergido a tantas personas.

La decisión de ser excelentes es una determinación personal, no se logra por memorándum o decreto. Es una decisión de autodirección. Es el deseo de convertirnos en lo que queremos ser. Es una puerta con la chapa por dentro en la que cada quien decide entrar al mundo de la realización. Es también una auténtica responsabilidad de nuestros gobernantes y, en especial, de nuestras autoridades educativas, públicas y privadas, que deben buscar crear una nueva generación con ambición de lograr la Excelencia personal. Sumando entre los mexicanos seres excelentes tendremos como resultado empresas, sindicatos, iglesias, gobiernos y familias de Excelencia.

Decida usted el cambio ahora; la Excelencia es la respuesta a nuestro presente y a ese mañana que todos anhelamos.

Liderazgo de Excelencia:
un compromiso con el mundo

Una filosofía adecuada representa en el ser humano la columna vertebral para tener una vida digna y una existencia con sentido. De aquí parte la calidad de vida y la buena relación con los demás. Es básico contar con una escala de valores que influyan en forma definitiva en todas nuestras decisiones. Para que pueda haber en la historia un líder de Excelencia deberán darse las circunstancias favorables; es decir que se conjuguen las necesidades de la comunidad y las inquietudes de cambio, y que esto haga surgir al líder que se necesita en ese preciso momento.

Por supuesto, se requiere que ese líder tenga una escala de valores de orden superior, como la verdad, la justicia, la ética, y que además viva su compromiso congruentemente, dispuesto, si es necesario, a morir por defender sus valores. Por último, ese líder debe contar con la estrategia adecuada para lograr el cambio.

México, que tiene actualmente grandes necesidades, y sufre síntomas de una violencia a niveles aberrantes que se manifiesta en actos como el vil asesinato de Luis Donaldo Colosio, es una nación que reclama un cambio urgente hacia la paz, hacia la concordia y hacia la prosperidad; México reclama hoy más que nunca líderes auténticos y comprometidos, dispuestos a vivir e incluso morir por lograr forjar una nación mejor.

Hoy, nuestra misión más importante es fundar una escuela de líderes única en su género, una academia que se dedique intensamente a la formación de los líderes que reclama el presente, líderes que serán los que hagan surgir el mundo del siglo XXI con una profunda filosofía de Excelencia y un sólido compromiso de vida con una estrategia tal que les garantice el triunfo.

Visión y misión de la juventud

La juventud de México no es nuestra esperanza, es nuestra mejor realidad. La edad promedio de la fuerza laboral de nuestro país es de 19 años, lo cual nos hace una nación en pleno desarrollo y con una vitalidad que muchos otros países desearían tener. El reto mayor de nuestro tiempo lo representan 35 millones de niños; tenemos que educarlos y ofrecerles oportunidades dignas de trabajo, salud y vivienda. El siglo XXI se avecina a velocidad vertiginosa y la nueva competencia mundial nos obliga a reflexionar profundamente sobre las estrategias que debemos preparar para superar tan grandes desafíos. Estamos obligados a crear un sistema educativo que nos permita preservar nuestros valores culturales y generar un nuevo inconsciente colectivo que proponga la ética y la libertad como los rectores de nuestra conducta.

La formación de los líderes que dirigirán a esta nueva generación debe ser prioridad nacional, pues de ellos depende el construir un nuevo amanecer o hundirnos en el fango y la oscuridad. Los adultos de hoy, quienes actualmente tenemos la responsabilidad de dirigir las empresas, las comunidades, las iglesias, las cámaras, los organismos colegiados, las universidades, etc., debemos asumir nuestro compromiso con México y con el mundo, y abocarnos con una determinación férrea a desarrollar a los líderes del mañana convirtiendo cada dificultad en un reto. El Colegio de Graduados, profundamente inmerso en esta tarea, está hoy más que nunca convencido de que a través de la educación de esta nueva generación podremos cumplir cabalmente nuestra misión histórica. Instituciones similares, con la misma vocación y compromiso, deberán irse desarrollando en nuestro país impartiendo educación para líderes a todos los niveles escolares.

En manos de la juventud están el presente y el porvenir; ahí está el poder de la paz y la guerra, de la prosperidad y la miseria, en sus manos están la vida y la muerte. Realicemos una cruzada nacional y permanente para asegurarnos un México más humano y justo. Es a ellos, a los jóvenes, a su formación integral, a los que debemos dedicar nuestros mejores esfuerzos y el más profundo y serio de nuestros compromisos. Hablamos de aquellos que heredarán la tierra. Únete a la formación de Excelencia que demandan y merecen nuestros hijos.

Educación: la única alternativa
para México

La ignorancia y la miseria son como un grito deses-
perado. Fue, sin lugar a duda, un cruel amanecer el
del primero de enero de 1994 en el sureste de
nuestro país. Una pequeña comunidad de indígenas
se rebeló ante siglos de esclavitud y explotación.
Así como en 1810 el abandono llegó a su límite,
en 1994 la verdad nos volvió a sacudir. Los nuevos
hombres-bárbaros, los actuales conquistadores, han
sido tal vez más crueles que aquellos que llegaron
de España y nos despojaron en 1492. En aras de
una revolución no consumada y fracasada, ahora se
ha continuado la explotación del indígena y del ig-
norante.

En 1910 nuestra revolución se gestó con una
mezcla de 90% de indígenas y 10% de personas de
la clase pudiente. Actualmente la clase media y popular con un mínimo de bienestar alcanza 60% de
nuestra población, contra 40% de pobreza extrema.
Esto nos pone al borde no de una revolución, sino
de una guerra civil, en la cual una buena parte de
nuestra población estaría dispuesta a defender lo

que posee, por poco que sea, y no como aquel que no tenía nada y se unía a la revuelta en 1910 como única opción para sobrevivir. Estamos en un punto crítico de nuestra historia: o cruzamos el umbral del mundo hacia la democracia y el desarrollo, o nos hundimos en la violencia, el odio y la destrucción.

Concepción Arenal define así la guerra:

...es el hambre, la peste, el robo, el asesinato, el sacrificio, el olvido de todos los deberes, la violación de todos los derechos, la destrucción erigida en arte, el imperio de la fuerza, el verdugo de la ley, el escarnio del dolor, una cosa ciega como la materia, feroz como un tigre, todos los malos instintos, consejo de la ira, las pasiones sin freno, la desolación sin límites, la perversidad sin castigo y el crimen sin remordimiento. Ésa es la guerra.

El camino de la violencia para que se dé el cambio y se consolide sería nuestra mayor equivocación; debemos buscar los caminos pacíficos. ¿De qué nos servirá autodestruirnos hermanos contra hermanos para conquistar la nada?

Nuestro sistema político está desgastado, ha perdido credibilidad y las masas indigentes están cansadas de escuchar planes y esperar promesas sin fin que se han convertido en palabras huecas sin sentido. Pero ¿cómo vamos a lograr incorporar a cerca de 40 millones de mexicanos a una vida digna y decorosa? ¿Cómo garantizarles un futuro y una alternativa de realización? El único camino de solución: *la educación*.

Si la educación es cara, la ignorancia lo es más. Por falta de educación y de valores fundamentales se han propagado como una peste la corrupción y la delincuencia, la destrucción de nuestros ríos, la desolación de nuestro campo, la contaminación en las ciudades, etc. También por ignorancia no participamos políticamente. En resumen, la ignorancia es el origen de nuestra realidad, de nuestra miseria. ¿Cómo hacer posible la contratación de tantos mexicanos si antes no los educamos? Les tenemos que dar las herramientas para poder sobrevivir; el camino de los subsidios es un fracaso ya probado; el socialismo ha repartido de manera equitativa sólo miseria. Para erradicar el hambre es necesario y urgente producir riqueza, y como muestra veamos lo que ocurre en lo que un día fue la Unión Soviética: los países en otro tiempo víctimas del comunismo están hoy en día hundidos en la desesperación. Me pregunto: ¿Acaso todavía existen mexicanos que creen en esa solución? Es recorrer un camino con un destino garantizado: *el fracaso*.

Mientras muchos de nuestros niños, la generación del siglo XXI, se pintan la cara de payaso y lanzan fuego en los cruceros de nuestras ciudades, los hijos de nuestros competidores, en otros países, se están preparando en las universidades. Cuántas generaciones perdidas que pudieron ser arquitectos, artistas, médicos, etc., que tenían el talento necesario, pero a quienes nunca dimos la oportunidad por falta de educación para desarrollarse. Es mejor pagar el costo de la educación y no el de la miseria.

Si invertimos hoy un peso en educación, mañana nos ahorraremos miles en asistencia social. La nación que no invierte en educación inevitablemente tendrá que invertir en armas. El subdesarrollo, en esencia, significa subeducación. No existe un país culto con hambre; la educación es la garantía del desarrollo, de la democracia y de la libertad.

En nuestro país nacen aproximadamente dos millones de seres humanos cada año. De ellos 800 000 están condenados a la ignorancia y a la no realización. Cada nuevo niño que nace es o una luz de esperanza para nuestra nación o una mecha de explosión que se convertirá en violencia y destrucción. ¿No es acaso nuestro deber rescatarlos y darles la oportunidad de vivir?

¿Cómo devolverle al país la opción que me brindó de educarme, de tener libertad? ¿Cómo corresponder a la semilla que sembraron en mí mis padres y que ha germinado formando una familia? Sólo hay una manera: a través de la educación. Cada líder que se dedique a la tarea de educar estará pagando la cuota social con su país. El obrero que esté capacitado para desempeñar mejor su trabajo quedará habilitado para generar mayor riqueza para su empresa y para él mismo. Cuando educamos a alguien lo hacemos crecer como ser humano para desempeñar mejor su papel de padre, pareja, amigo, ciudadano, y seguramente sus hijos ya no serán unos miserables, sino que en ellos germinará el anhelo de ser superiores y superarán así a sus progenitores.

Una piedra no se puede hacer más piedra, un perro no se puede aperrar más; en cambio, el ser humano puede hacerse más humano, o más inhumano. Si la educación no sirve para hacernos crecer como seres humanos, no sirve para nada. La tecnocracia pura ha llegado a su nivel de desgaste y solamente ha servido para autodestruirnos. Como ejemplo está Alemania: a pesar de contar con las mejores tecnologías de este siglo ha sufrido dos holocaustos de terror que superan los límites de la crueldad.

Estamos ante momentos estelares de la verdad. Hemos de ir a los extremos: ser o no ser. Decidamos comprometernos con la historia, con México y con nosotros mismos. Nuestra breve existencia debe justificarse ante la historia. Trascendamos a nuestro tiempo a través de la educación; es nuestra opción para permanecer en la genética humana formando seres dignos y que, además, tengan el derecho a vivir.

No dejemos este mundo sin haber contribuido a salvar a un ser humano del olvido y la marginación. México: como nación únete a la Excelencia a través de la educación; hagamos de cada empresa un centro educacional con un alto sentido técnico, con una profunda formación humana, con un compromiso social de amor y de rescate de nuestra nación, de la tierra que nos pertenece.

La nueva competencia

Hablar del futuro en el mundo de los negocios es hablar del presente, una historia que se escribe día con día. Es abordar un tema sobre algo que ya estamos viviendo: *La nueva competencia*. Hay quienes siguen esperando que funcione el Tratado de Libre Comercio entre Estados Unidos, Canadá y México para decidir qué hacer, resultando por supuesto, la posición más nefasta; pues hay que movilizarse cuanto antes frente a los nuevos retos de la calidad total y la globalización de los mercados.

Las políticas de apertura comercial están llevando a una auténtica libre competencia a nivel internacional y esta situación favorece al público consumidor. Sin embargo, para muchos empresarios esto ha significado una verdadera pesadilla por su imposibilidad para competir en precios y calidad. Lo más dramático es que la apertura no está por venir: ya es una realidad.

Los mercados internacionales ya están aquí; ahora nos falta a nosotros ir hacia ellos. Las preguntas son: ¿Con qué productos? ¿Con qué calidad? ¿Cómo lanzarnos a conquistar esos mercados? Las respuestas y las soluciones prácticas deben ocuparnos en el presente y el futuro inmediato.

El reto ya está planteado, conocemos la condición básica de la nueva competencia: es la Excelencia. La respuesta a todas nuestras interrogantes sobre la nueva competencia está en nosotros, el futuro está en nuestra mano; ignorar el cambio significa renunciar al mañana.

El futuro es hoy

El futuro le pertenece a aquellos que creen en la grandeza de sus sueños y en un México próspero, equitativo, justo y generador de riqueza material y espiritual. México requiere de hombres y mujeres soñadores que tengan la fe para ver lo invisible, sentir lo intangible y lograr lo imposible.

Para todos los estudiosos de la Excelencia resulta indiscutible que el futuro de nuestra sociedad depende del compromiso de nuestros líderes para forjar esa nación superior que todos deseamos.

Cuando un arquero falla en su tiro busca el error en él mismo y no en el blanco; trabaja para mejorar y acertar en el próximo intento. Si a esto agregamos que cada tarea que realizamos es un autorretrato, llegaremos a la conclusión de que la nación que hoy en día tenemos lleva el autógrafo de sus autores: los líderes que han escrito nuestra historia. Si deseamos un México mejor, requerimos de líderes que vivan un compromiso superior y, lo más importante, que la responsabilidad sea la cuota a pagar para lograrlo.

A todos los líderes mexicanos: padres, maestros, religiosos, empresarios, gobernantes, etc., los invito a reflexionar y a renovar su misión de cada día para forjar la sociedad que deseamos para nuestros hijos, a través de la lucha para hacer de cada una de sus empresas un centro de producción de alta calidad, dedicado a la formación de seres superiores. Para tener un México de calidad se requieren hombres y mujeres que vivan intensamente el compromiso hacia la Excelencia.

Filosofía de Excelencia

Nuestra búsqueda continua de la Excelencia nos ha permitido, durante los últimos 25 años, investigar en los cinco continentes una gran variedad de empresas destacadas. En ellas, invariablemente hemos identificado la influencia determinante de una poderosa filosofía que las ha conducido al éxito, así como de toda una mística de valores que se "ha filtrado" a todos los niveles y puestos de la organización. La empresa moderna, la que se ha convertido en fuente de prosperidad para sus integrantes, accionistas, proveedores y para la sociedad en general, basa sus éxitos en una sólida *Filosofía de Excelencia.*

Una Filosofía de Excelencia es propuesta y sostenida por un líder que, aun cuando él ya no esté al frente de la organización, ha consolidado de tal forma su pensamiento que perdura a través del tiempo y el espacio. No importa dónde se ubiquen geográficamente estas organizaciones; la influencia del líder permanecerá, como en el caso de Matsushita Electric, Walt Disney Productions, I.B.M., Mc Donald's, Sony, General Motors, etcétera.

Los grandes filósofos corporativos de nuestro tiempo: Konosuke Matsushita, Walt Disney, Thomas Watson, Alfred P. Sloan, Akio Morita, Ray Kroc, etcétera, han demostrado con hechos que sus principios filosóficos permitieron llevar a sus empresas al éxito. Hay que considerar adicionalmente a los grandes clásicos de la humanidad, como Homero, Plutarco, Platón, Sófocles, Chaucer, Castiglione, Maquiavelo, Shakespeare y a algunos recientes como Edmund Burke, John Stuart Mill, Charles Darwin, Thoreau, Arthur Miller, Ernest Hemingway y muchos más que plasmaron en sus obras las características de los líderes de su tiempo. Su biografía, filosofía y drama constituyen parte de la sabiduría colectiva de la humanidad y nos permiten percibir aspectos reales del liderazgo. Naturalmente no nos dan respuestas específicas sobre la materia, pero nos ayudan a tener mejores respuestas a algunas preguntas actuales.

La empresa del siglo XXI que desee permanecer y progresar debe tener una sólida base filosófica, en la que se mezclen y conjunten los intereses de la corporación en una simbiosis que produzca beneficios económicos, morales, sociales y de realización humana. En forma similar al Renacimiento del siglo XIV de nuestra era, cuando el hombre reconoció la individualidad sobre la institución y tuvo que recurrir a recuperar los conceptos filosóficos de los griegos de más de 2 000 años de antigüedad, el momento actual a nivel corporativo nos obliga a renovar nuestro pensamiento directivo, a renacer adoptando conocimientos para estar acorde a los signos de hoy, tomando lo mejor de ayer y haciendo a un lado lo que no es aplicable. Debemos iniciar de inmediato un renacimiento filosófico que genere la empresa del mañana analizando los errores del pasado y proyectando la organización hacia el futuro.

Un camino a conquistar: la Excelencia

La Excelencia es una cima a conquistar. Los obstáculos y riesgos constantes hacen más desafiante el ascenso. Obviamente al llegar a la meta se logra el éxtasis del triunfo. Si mañana deseamos sentirlo nuevamente debemos recorrer otra vez la ruta para volver a conquistar la cima de la Excelencia.

La nueva competencia nos plantea alternativas:

• Ser más productivo o abandonar los negocios.
• Salir a triunfar o retirarnos a esperar.
• Atacar o defender.

Son posiciones muy definidas entre ganadores y perdedores, y es precisamente ante el desafío de la apertura comercial, en la que hay nuevas condiciones de mercado y productos de mayor calidad a un menor precio, que se obliga a que surja en nuestro país una nueva generación de empresarios con mentalidad de campeones que, utilizando las técnicas más avanzadas de dirección junto con la innovación tecnológica y una profunda actitud mental positiva, enfrenten el presente y el futuro del mundo empresarial.

Tanto en política como en economía los acontecimientos mundiales han sido vertiginosos; la geopolítica se ha modificado más en los últimos dos años que en todo lo que va del siglo xx... ¿Y los mexicanos? ¿Nos quedaremos estáticos o cambiaremos a la misma velocidad? Éstos son momentos de reflexión y de cambio, de decisión y de compromiso, de audacia y de entrega. Las llaves del siglo xxi están en nuestras manos; hablamos del futuro de nuestros hijos y del porvenir de nuestra nación; son tiempos para *ser excelentes*.

Los mexicanos de hoy debemos estar conscientes de que las oportunidades hay que buscarlas y, si no se encuentran, hay que fabricarlas. Jamás debemos sentarnos a esperar que las circunstancias nos favorezcan. Las oportunidades hay que saberlas identificar en medio de las adversidades, es la visión de saber convertir las derrotas en victorias. Nuestros tiempos actuales son principios para que los auténticos líderes surjan en medio de las tempestades, son tiempos de ascenso y superación, de esfuerzo y trabajo, de voluntad y disciplina, de fe y tenacidad, de mentes abiertas al cambio, porque ahora es tiempo de triunfar.

Los líderes y su significado

Abordar el tema del *liderazgo* es tratar directamente con la historia universal. Quienes marcan el destino de los pueblos son sus líderes; sus aciertos o equivocaciones conducen a la comunidad hacia el progreso o al desastre. Observando la naturaleza es fácil percatarse de que la velocidad de la manada es algo que marca su líder, ya sea de alces, lobos o caballos; en forma similar sucede en la comunidad humana: el líder marca el paso.

Para que un líder pueda surgir se requieren tres elementos básicos:

Primero, que el destino circunstancial lo favorezca; que nazca en el lugar y en el tiempo preciso. ¿Qué hubiera sido de Gandhi si hubiera nacido en Suecia? La India era el lugar y el tiempo que lo necesitaba. Ningún ser humano puede decidir la circunstancia en la que va a nacer, nadie elige el país, el tiempo, los padres, el medio socioeconómico y cultural. Estas circunstancias sencillamente se dan y se les llama *destino*.

Segundo, que el líder tenga una sólida escala de valores; ideales superiores a lograr. Ser líder no significa necesariamente ser bueno y noble; recordemos que un líder puede utilizar todas sus cualidades y talentos tanto para construir como para destruir. *Liderazgo* es influencia; es movimiento hacia el bien o hacia el mal. Un líder de Excelencia es aquel a quien sus valores lo conducen a la construcción de un mundo mejor.

Tercero, que el líder viva comprometido con un buen sueño; lograr que un imposible se vuelva posible; que su vida esté en función de un ideal a realizar y que comprometa todo su ser para lograrlo.

México es hoy lugar propicio para que surjan auténticos líderes que nos conduzcan al progreso. Tenemos un compromiso histórico que reclama líderes que rescaten a las clases marginadas de la miseria y el abandono. La juventud en transición reclama orientación y valores éticos que los guíen a una sociedad superior.

Tiempos de cambio

Vivimos tiempos de cambio. Hoy en día hasta los vientos más fuertes ceden a las turbulencias; éstos son momentos propicios para la desintegración y el desmoronamiento de las estructuras, de las ideas, y de los individuos que no supieron evolucionar con el siglo. Sin embargo, es bueno recordar que del caos siempre emerge la calma. Hemingway decía:

El mundo nos rompe a todos y nos hacemos más fuertes en las partes rotas.

Éstos son tiempos de cambio, es cierto, pero en ellos renace también la esperanza de un mundo nuevo, con nuevas ideas y viejas tareas, de mejores conocimientos y de mayores retos; un mundo del que surgen nuevas naciones y se fortalecen viejos principios siempre presentes en la conciencia del hombre, como la libertad y la paz; un mundo que clama la Excelencia de todas sus nuevas generaciones a riesgo de quedar relegados en el olvido y la mediocridad.

Vivimos tiempos de cambio, es cierto, pero también son tiempos para la tolerancia y el perdón; tiempos para dejar a un lado las confrontaciones, para aceptar a nuestros semejantes como son y no pretendiendo imponer por la fuerza nuestras propias fórmulas de vida, ni rasar con nuestra vara la medida de los demás. Son tiempos de respeto a la dignidad humana y a la autodeterminación de los pueblos, de dejar ser y ayudar a hacer, que reclaman la fraternidad, la solidaridad y la cooperación entre los individuos como entre las naciones para ser serios aspirantes al éxito.

Es cierto, vivimos tiempos de cambio, pero de igual forma son propicios para el amor; para luchar junto a nuestra pareja por un mundo mejor; para convertir el calor de la familia en la energía que impulse el nacimiento del hombre nuevo, el ser humano llamado a la Excelencia; son tiempos para regresar a nuestros viejos amigos y forjar nuevas amistades para que unidos pugnemos por una sociedad más justa y noble que lleve consuelo y ayuda al desamparado. Son tiempos de compromiso para renunciar al YO y aceptar el compromiso con el NOSOTROS; de sembrar ambiciones colectivas, ambiciones legítimas templadas en la unión. Aceptemos nuestro compromiso para convertir este tiempo, nuestro tiempo de fin de siglo y de inicios del siglo XXI, en un refugio para el amor, y que este tiempo y todos los tiempos sean por siempre *tiempo de amar.*

Tesoro de México

Edwin O. Reishauer anota en su obra *Historia de una nación:*

...a finales de agosto de 1945, el Japón está completamente arruinado, con dos millones de muertos, arrasado el 40% de sus ciudades, destruida su industria, esterilizada su agricultura, con un ingreso per cápita de veinte dólares....

Además, vale la pena considerar que en Japón es aprovechable solamente el 16% de su territorio, lo que equivale a que en la República Mexicana sólo se pudiera trabajar un solo estado. En Japón habita el 50% de la población en tan sólo el 1% del territorio, y carece de recursos naturales pues hasta su alimentación depende de otros países.

México, con una probada y evidente riqueza natural, no ha podido alcanzar el éxito económico obtenido por Japón en donde los dos únicos recursos que tiene son: agua y japoneses. Inevitablemente surge la interrogante: ¿Por qué? Y la respuesta está precisamente en que en aquella nación han sabido aprovechar su más valioso recurso: su gente.

Cabría entonces preguntarnos: ¿Nosotros los mexicanos hemos aprovechado nuestra potencialidad humana? En definitiva no. Durante años hemos subestimado las capacidades y los valores de nuestra gente; no hemos sido capaces de descubrir las virtudes de nuestra gente, de un pueblo colmado de gratas sorpresas; un pueblo que hasta hoy ha estado a la espera de una generación de líderes que crean en su gente, que se atrevan a prepararla y motivarla para que pueda y quiera generar su mayor esfuerzo en pos de la superación y el éxito. Hemos vivido durante décadas sobre un campo de diamantes y apenas ahora comenzamos a descubrirlo. Cada mexicano representa un diamante a la espera del hábil tallador que lo pula para dar su más bella expresión. Una expresión siempre alegre, aun ante la adversidad y el desastre, de vocación de servicio y cordialidad, de entrega y pasión por creer en algo o en alguien, en donde la creatividad y el ingenio no tienen límites; en donde el espíritu humano renace todos los días en un valor llamado familia, símbolo de fraternidad y cuna de las más bellas expresiones de amor; una madre a quien venerar, un padre a quien imitar, un hijo a quien formar y una pareja a quien amar.

Ahí está el verdadero *tesoro de México*, en su gente, un pueblo con valores fundamentales en el que existen significados superiores, donde perdura el respeto por sus antepasados y se mantiene la sensibilidad por el presente, tierra de poetas que cantan al amor, de seres que sufren ante la injusticia, un pueblo diferente y especial, capaz de mantener en el mundo la llama viva de la sublime expresión humana.

Compromiso con la Excelencia

Para que en el futuro inmediato México pueda ubicarse dentro del contexto de los países protagonistas del siglo XXI, es obvio que debe ingresar en serio a la nueva competencia.

Para cada mexicano, la integración al mundo contemporáneo significa costos muy altos y claras desventajas en cuanto a nivel de competitividad, además de enfrentar un gran choque cultural. Es por ello que tanto las empresas privadas como las instituciones públicas, y en general todos los individuos de esta nación, debemos evolucionar para adaptarnos al ámbito internacional y a los nuevos retos. No tenemos alternativa, pues es preferible convertirnos en el último invitado a la mesa de los ricos, a quedar nuevamente marginados de la dinámica del gran banquete mundial.

Por ello, hoy todos los mexicanos tenemos que emprender un esfuerzo sin precedente, impulsados por la ambición legítima de ser una de las grandes naciones que escriban la historia del siglo XXI; que estemos dispuestos a mayores sacrificios y a vencer todos los obstáculos a que nos enfrenta la nueva competencia.

Nuestro éxito ha de sustentarse en el compromiso de todos nosotros para involucrarnos y participar activamente en cambios de actitud y aptitud hacia la Excelencia. Si bien es cierto que la primavera aún no ha llegado a nuestro país, también es cierto que no hemos hecho lo necesario para acercarla; hoy ha llegado la hora de la verdad, éste es el tiempo propicio para trabajar, tiempo para barbechar la tierra y sembrar las semillas que después tendremos que abonar y cultivar.

Las condiciones de la Excelencia

Uno de los objetivos más importantes en mercadotecnia es hacer de lo viejo algo nuevo. El concepto de Excelencia es antiguo, de hecho, el primero que habló de ella fue el filósofo Aristóteles. Y es, en este fin de siglo, que la Excelencia asume un primer plano y se expresa a través de términos como "calidad total", "servicio" y "satisfacción del cliente".

Por ello, al hablar de la Excelencia se hace referencia a una nueva generación de dirigentes para el tercer milenio: hombres preocupados no sólo por los costos, la producción, los defectos, las economías de escala y la necesidad de dar el mejor servicio; sino preocupados y ocupados al 100% por una concepción global e íntegra de su trabajo.

Esta nueva actitud incorpora en la cartera de los líderes responsabilidades como la atención a su gente, a sus clientes, al producto y al servicio, y hasta a un paquete creciente de necesidades sociales. Las nuevas exigencias apuntan, entonces, hacia un líder que sea capaz de conceptualizar y actuar en favor de su institución.

El síndrome es mundial. En Europa, Asia, Estados Unidos o México el más grave problema para la

Excelencia a nivel ejecutivo es el mismo: la resistencia a aprender, a cambiar, a ser humilde; a ser, en resumidas cuentas, una persona en constante evolución. El peor enemigo en el camino es la soberbia porque la Excelencia no es una meta, es una ruta; es algo que si se deja de hacer se desvanece. Un hotel puede considerarse como magnífico; sin embargo, ese aciago día en que la platería está sucia o una mosca se cuela en la sopa, todo termina.

La Excelencia es un asunto de extrema fragilidad. Cuando se deja de luchar por alcanzarla se comienza a caer. En biología se dice que cuando el animal deja de crecer empieza a envejecer. En Excelencia decimos que cuando se deja de mejorar se inicia la cuenta regresiva.

La Excelencia es una evolución permanente y lo más interesante es que nunca termina. Un hotel es un ejemplo claro: está abierto 24 horas 365 días al año. En cada uno de esos días libra una lucha permanente para conquistar la Excelencia. El cliente que llega a las dos de la mañana debe ser recibido con la misma sonrisa y calidad que se destinan al que llega al mediodía.

Hace poco tiempo en España la compañía Ford causó verdadera sensación. ¿Por qué? Simplemente porque se acordó que los clientes tienen exigencias y que la obligación del fabricante es responder a ellas. En un mercado con exceso de demanda, en donde al comprar un coche a lo más a que se puede aspirar es a que se lo entreguen a uno, aunque de color verde con rayas moradas, la Ford Motor

Company les dijo a sus clientes españoles: ¿De qué color quiere su coche? Y esa consideración hacia su comprador provocó que dicha compañía tuviera una enorme penetración en el mercado hispano, simplemente porque atendió al cliente.

Ese solo hecho nos habla de una actitud que sobrepasa culturas y niveles educativos. Y yo creo que la gente de México tiene una gran actitud de servicio si se le sabe motivar, si se le da la preparación y las herramientas necesarias para que desempeñe bien su trabajo.

Cuando el empresario se encarga de educar a su personal cumple con un principio básico: para tener un producto mejor lo primero que se necesita es desarrollar calidad humana. Y entonces, la calidad del producto se da como consecuencia natural.

La gran miopía de muchos empresarios mexicanos es que exigen calidad sin haber dado antes calidad humana al individuo. Y desde ahí comienza a manifestarse la Excelencia. La calidad de vida en el trabajo y el respeto a la labor, a los conocimientos y a las habilidades de cada persona son conceptos primordiales. Los costos de la baja calidad, derivada de la negación de estas condiciones de calidad humana, son siempre muy elevados.

Aquí, el principio Watson es fundamental: En la medida en que podamos lograr que la gente se autorrespete, se autoestime y se autovalore, en esa medida nos dará un producto de mayor calidad.

Maquiavelo dividía el mundo en "ellos" y "nosotros"; "vasallos" contra "reyes". Yo creo que en nuestros días hemos pasado a la generación del únicamente "nosotros" porque todos participamos en el mismo juego.

Los organigramas deben arrojarse al cesto de la basura porque contienen dos errores capitales:

Uno: jerarquizan; ponen a unos arriba y a otros abajo, lo cual no deja de resultar curioso porque es precisamente la gente de hasta abajo la que *toca* al cliente, la que *hace* la calidad. Al llegar a un hotel no me recibe el presidente del consejo, ni el dueño, sino un maletero; ésas son las primeras manos que toco, las que jerárquicamente —vaya paradoja— se encuentran al final. Hay que entender entonces que la gente no depende de un gerente; es el gerente quien depende de la gente. Y en la medida en que la gente le funcione, él será más brillante, más triunfador y más exitoso.

Dos: cometen un doble pecado; ponen un *arriba* y un *abajo*, y olvidan que el puesto más alto dentro de la organización no corresponde a los accionistas sino a los clientes. Sin ellos simplemente no hay accionistas, ni consejo ni nada.

El camino hacia la Excelencia no es sencillo. Si se nos pregunta cuántas empresas hay en el país que conducen sus operaciones hacia la Excelencia, podemos completar una lista de casi 300 de un universo de más de 400 mil. La proporción es aún muy pequeña, pero es importante si se toma en cuenta que hace 15 años no había ninguna.

Iniciar el tránsito por esta vía ha costado mucho porque el empresario mexicano no veía la nueva competencia; creía que ésos eran "cuentos raros" que sucedían en otras latitudes, no aquí.

Ingredientes fundamentales
de la Excelencia

La diferencia entre una calificación de 10 y una de nueve es gigantesca. Entre una medalla de oro y una de plata existe un abismo de esfuerzo, tenacidad y preparación. Ante la nueva competencia mundial, México está obligado a ser aspirante a las calificaciones de 10; no debemos contentarnos con menos, y para eso se requiere de tres elementos básicos:

- Conocimiento.
- Calidad.
- Compromiso.

Conocimiento: Al aprender de aquellos que ya obtuvieron 10 en lo que hacen, los que han demostrado que "sí se puede", convertimos nuestro punto de referencia de cero en el 10 de los triunfadores y a partir de ahí iniciamos nuestro camino con lo que garantizamos un cimiento de Excelencia.

Tener el mejor maestro es lo que deseamos para cada uno de nuestros hijos. Lo mismo sucede en la vida corporativa: debemos identificar al ganador, emularlo y finalmente superarlo. En este caso, la cuota a pagar es capacidad de admiración y humildad por aprender.

Calidad: Sumergir a la empresa en la mística de calidad. Estar conscientes de que el nivel más alto en la empresa es el cliente y que nuestra permanencia y prosperidad dependen de su grado de satisfacción. Debemos dimensionar la calidad como la solución a nuestros problemas. Ésta es el arma más efectiva ante la nueva competencia y el único camino que nos garantiza el porvenir.

Compromiso: Reflexionemos un momento sobre los elementos que componen un platillo de huevos con jamón: el cerdo se comprometió al grado que tuvo que morir para que tuviéramos jamón, mientras que la gallina solamente se involucró: puso los huevos y se fue. Cuando una mujer da a luz, se *compromete,* pues está arriesgando su propia vida para que exista un nuevo ser, el hombre en cambio solamente se involucra.

En la empresa de Excelencia se requiere que todos sus integrantes se comprometan, que le echen jamón a cada acción, que lancen el corazón para realizar su sueño; solamente los que se comprometen en la vida realizan sus más preciados anhelos. Vivimos tiempos de compromiso; el futuro está en nuestras manos, no lo pensemos más y lancémonos a fondo para llevar a nuestra empresa a la Excelencia.

Momentos para la reflexión

Hacer al final de un periodo un balance sobre nuestros logros y pérdidas resulta un momento importante para reflexionar sobre lo que realmente hemos logrado. Aquello que pudimos haber hecho y no realizamos no se refleja en los estados financieros tradicionales. Los estados de resultados nos indican el impacto final de nuestras operaciones, pero no contabilizan lo que pudimos haber logrado y no conseguimos por falta de calidad. Los costos de la "no calidad" son lo que de haber hecho las cosas en forma adecuada hubiéramos conseguido desde el punto de vista financiero.

La productividad que dejamos de generar tiene un altísimo costo y por ello, al hacer un balance, debemos tener muy presentes la ineficiencia, la falta de atención, los productos que tuvieron que ser reparados y reprocesados y que significan cuantiosas ganancias que se han dejado de sumar a nuestra cuenta final. Los costos de la "no calidad" representan el mercado que perdimos por no haberlo atendido correctamente. Por tanto, debemos conceptualizar que la calidad no es problema: es de hecho la solución a nuestros problemas.

Desde el punto de vista humano, el final de un año calendario es momento importante para reflexionar sobre cómo hemos invertido los últimos 365 días de nuestra vida y cuál ha sido el resultado obtenido: ¿Somos mejores personas de lo que éramos al iniciar el día, el mes o el año? ¿Hemos logrado aportar a nuestra vida familiar un valor superior? ¿Como padres hemos hecho crecer a nuestros hijos en estos últimos doce meses? ¿A nuestra nación le hemos servido en alguna forma durante este periodo? ¿En nuestra vida interior hemos crecido espiritualmente; somos mejores que hace un año? El fin de año es una fecha que nos invita a la reflexión, a detenernos, a replantearnos el sentido de nuestra existencia. ¿Cuál fue el objetivo de haber vivido los últimos doce meses? Y lo más importante: ¿Cuál debe ser el objetivo para el año siguiente?

Esta reflexión exige de un conocimiento mayor que permita visualizar mejores metas y renovar nuestro espíritu con base en la calidad. Busquemos vivir más intensamente estos conceptos, incluso más allá de nuestra vida personal, y finalmente comprometámonos para poder lograr todo lo que deseamos durante el ciclo venidero.

¿Quiénes somos los mexicanos?

Los valores que posee nuestro pueblo, y que hemos ido forjando a través de la historia, representan un cúmulo extraordinario de riquezas. Hablamos de la integración familiar, la hospitalidad, la lealtad al amigo, nuestra propia moral cristiana, el arraigo a nuestra tierra, nuestras tradiciones, etc. De hecho, la mayoría de los extranjeros que visitan nuestro país reconocen la enorme riqueza de nuestros valores. Los mexicanos debemos conocernos más a nosotros mismos y aquilatar todos los extraordinarios valores que poseemos, y no dedicarnos solamente a degradarnos y devaluarnos sistemáticamente como lo hacen nuestros comunicadores a través de los diferentes medios masivos de información.

¿Qué nación deseamos tener? Esta pregunta nos la debemos formular todos los líderes de esta nación. Y si usted es de los que creen que todavía podemos mejorar sustancialmente nuestra calidad, podrá contestarla con toda certeza. A la misma pregunta, esto es lo que han respondido los participantes en mis programas de liderazgo de Excelencia:

Un país honesto que erradique la miseria.

Un país que elimine la ignorancia a través de la educación.

Ciudades sin contaminación donde sus habitantes conserven la ecología.

Que se genere la lealtad y gratitud a la nación a la que pertenecemos.

Que su sistema sea democrático y pleno de libertades.

Que preservemos nuestros valores históricos y nuestras costumbres.

Que se genere un auténtico interés y salgamos al auxilio de los miserables y desposeídos.

Que busquemos permanentemente la realización de nuestra juventud.

Que vivamos plenamente el espíritu de superación en todos los órdenes, en lo material y en lo moral.

Éstas son, entre otras, las opiniones que he recabado de los mexicanos que sueñan con un país mejor, y entonces la pregunta clave es: ¿Cómo vamos a lograrlo? La respuesta está en cada uno de los mexicanos que deseen una nación con una vida diferente, y se podría resumir en las siguientes acciones:

Vivir de acuerdo con los valores con que se desea ser.

Realizar todas las actividades de acuerdo con valores para que el hacer sea congruente.

Permanecer, a pesar de todas las adversidades, fiel a los valores buscando estar *en el orden deseado.*

Y, finalmente, tener *la determinación de dirigirse decididamente hacia la realización del país que deseamos construir.*

Si a partir de hoy mi *ser, hacer, estar* y *tener* está de acuerdo con este nuevo orden de valores, y si cada uno de nosotros decidimos asumir la responsabilidad y compromiso personal hacia este nuevo ordenamiento, con toda seguridad lo lograremos. Cuando un ser humano decide convertirse en un *ser excelente*, entonces existe un mediocre menos en el mundo.

Me gustaría precisar y esquematizar el camino a seguir para lograr un cambio que enriquezca nuestro *liderazgo de Excelencia* y nos ponga en marcha hacia donde deseamos llegar:

Definir la actual escala de valores.

Definir qué cambios se deben realizar en la escala de valores para construir en nosotros mismos al ser que se desea ser, la familia que se desea tener, la empresa que le gustaría realizar y, finalmente, el país al que le gustaría pertenecer.

Vivir en forma congruente de acuerdo con la nueva escala de valores.

Nunca confrontar los valores individuales y respetar profundamente los de los demás.

Luchar por valores universales y contribuir a escribir la historia.

Ser un auténtico vendedor de valores a través del testimonio personal.

Pensemos que la única forma de saber de qué somos capaces es haciéndolo, es decir: *Haz lo que tengas que hacer y te conocerás.*

Calidad sin fronteras

La globalización de los mercados mundiales es una realidad. México ya está inmerso en un concierto internacional en el que las fronteras son imaginarias; una realidad en la que incluso se han unido empresas tanto del mundo comunista como del capitalista. Encontramos así automóviles cuyas partes se han fabricado en cuatro países diferentes y que finalmente son ensamblados en un quinto; televisores norteamericanos con partes producidas en Asia; un barco-industria que zarpa de Japón, toma materias primas en Los Ángeles, trabaja durante la travesía y entrega el producto final en Brasil. Esto parece ser el inicio de una nueva hermandad comercial mundial en la que prevalecerá la calidad como constante para poder competir. La realidad nos obliga a desarrollar en nuestra nación empresas de clase mundial que cumplan con las más altas normas de calidad, y lo más alentador es que ya existen en nuestro país ese tipo de empresas que, aunque son pocas, han demostrado que en México *sí se puede*.

El secreto para contar con empresas movidas por la búsqueda de las más altas normas de calidad radica en pensar "en grande" y empezar "en pequeño". Recordemos que vivimos momentos de decisión y no debemos aletargar un día más el inicio hacia la ruta de la Excelencia; hemos de establecer de inmediato procesos de mejora continua que nos lleven a la calidad total.

La consigna, a corto plazo, es pensar a escala mundial y actuar a escala local, identificando proveedores de materias primas, tecnológicas y sistemas que nos apoyen para elaborar productos que satisfagan plenamente a nuestros clientes locales e internacionales a los precios más bajos.

Vivimos momentos en que requerimos de un aprendizaje organizado que nos lleve a estar presentes en las fuentes de riqueza y mantener y hacer crecer a nuestras empresas.

Creo en México por la naturaleza misma del mexicano: sus valores, su cultura, su juventud y... por amor.

En México sí se puede.

¡México, únete a la Excelencia!

Nuestro país enfrenta hoy, más que nunca, el gran reto de la competitividad para lograr incorporarse a las naciones desarrolladas. Y no es por una simple razón de progreso; es la única respuesta para lograr vencer las lacerantes llagas sociales de la miseria y darle el derecho a nuestra juventud a ser inteligente a través de la *educación*. La miseria no se puede erradicar con los subsidios, que hasta ahora nos han demostrado ser un auténtico agujero negro en el cual se pierde todo recurso asignado. Para muestra basta un botón: hablemos del comunismo, sistema que además de coartar la libertad del ser humano, se ha hundido. El único camino para erradicar la miseria es creando riqueza, y los países que se han dado a la tarea de ser productivos han proporcionado bienestar a sus habitantes, además de garantizarles un futuro de realización.

Los mexicanos tenemos que desaprender modelos y hábitos que nos han mantenido en la mediocridad y debemos aprender los nuevos modelos, que son los únicos que pueden lanzarnos hacia la alta productividad.

Las desventajas de nuestra nación las podríamos mencionar en forma breve:

- Nivel educativo muy bajo.
- Atraso tecnológico.
- Nivel competitivo deficiente.
- Burocracia.

Y tal vez uno de los más graves sea la corrupción, que viene a significar un auténtico sida social que corrompe y destruye la integridad del ser humano. La corrupción es además un factor que impide la auténtica democracia, pues no existen garantías jurídicas que salvaguarden la libertad del hombre y de sus instituciones.

En contraparte, México es una nación que tiene grandes ventajas:

- Un enorme potencial en recursos naturales.
- La naturaleza misma del mexicano.
- Actitud.
- Cordialidad.
- Cultura de profunda espiritualidad.

Las pocas empresas que han despertado y tomado la actual crisis como un reto para demostrar su talento han triunfado a nivel nacional y algunas a nivel internacional, demostrando una vez más que en México *sí se puede.*

Hacemos un llamado a todos los mexicanos para sumarnos a la campaña "México, únete a la Excelencia".

El objetivo de ésta es lograr un cambio de actitud en todos los roles de la vida, en el ámbito laboral, social, familiar y de pareja; un cambio que infunda valores trascendentales para crear una sociedad digna que permita la realización plena del ser humano.

Sabemos que la tarea es ardua pues consideramos que esta cultura se debe filtrar en todos los campos de la actividad humana, en los sectores empresarial, público, político, cultural y social; para ello se hace necesaria una búsqueda apasionada y congruente del espíritu de la Excelencia.

Únete a este gran momento que nos está dando los medios para nuestra realización, para preservar nuestra cultura y fomentar valores de orden superior. Nuestra nación demanda, hoy más que nunca, líderes de nuestro tiempo comprometidos con su misión histórica.

Contribuyamos a una obra magna: ¡La creación de una mejor humanidad!

Dentro de este torbellino de acción que Robert Gilbreath, en su libro *¡Sálvese quien pueda!* denomina "La época de la trituradora", o "El espasmódico mundo económico en donde estamos compitiendo", nos agota el desgaste provocado por la avalancha de interminables cambios, y esto hace que escasamente tengamos espacios de reflexión para concientizarnos sobre lo que hoy estamos haciendo, que es precisamente la creación del mañana de nuestro país.

Los mapas trágicos del hambre en el mundo se han delineado precisamente en las regiones en donde hay carencias educativas; regiones en donde no importa la cantidad de recursos naturales que haya porque ahí los sistemas políticos son deficitarios y prevalecen la injusticia, el hambre y la ignorancia.

Por otra parte, podemos ver cómo países que parecían tener asegurado un lugar privilegiado en el mundo hoy sienten que caducan sus políticas y sistemas sociales. A una democracia que se le modela sólo con base en la opinión pública no le es fácil mantener una directriz objetiva a largo plazo, y si bien es importante la revalorización del individuo, el exceso crea inconformidades por doquier.

A México, país de jóvenes donde la edad promedio es de 19 años y que cuenta con todas las características y problemas de una sociedad en transformación, le debemos enfatizar una misión muy especial:

¡La creación de una humanidad mejor con rostro joven y fresco!

Hoy debemos preocuparnos por una educación más congruente con los tiempos que van a vivir mañana nuestros jóvenes de hoy, reforzarlos con más valores de orden superior y con principios fundamentales para que no repitan los errores generacionales tan arraigados en el inconsciente colectivo nacional y que, como molde repetitivo, multiplican la cultura de la dependencia, la predisposición al fracaso y la tendencia a los hábitos castrantes.

Padres de familia, maestros, líderes organizacionales, todos podemos contribuir a la obra magna que México requiere: el compromiso para la creación de una humanidad mejor, pero... *¡a partir de ahora!*

México, un gigante que despierta

Nuestro país enfrenta un reto sin paralelo en la historia económica contemporánea. Una vez consumada la Revolución de 1910, México ha visto transcurrir siete décadas sin lograr consolidar los ideales de justicia social, democracia, respeto a la libertad y la opción de ofrecer a cada mexicano el derecho a ser inteligente a través de la educación.

Ahora se nos plantea, por primera vez desde entonces, la gran opción de hacer esos sueños realidad; a cambio se nos exige ser productivos, convertirnos en expertos en producir riqueza para erradicar la miseria, aprender a ser éticamente competitivos a través de la calidad de nuestros productos y servicios. La prosperidad llegará solamente a las empresas y naciones que logren satisfacer plenamente a sus consumidores.

El objetivo es muy claro: todos los mexicanos deseamos mayor bienestar; la herramienta es la productividad y los factores determinantes son la educación y el trabajo, ambos ejecutados con pasión e intensidad.

México reúne los elementos necesarios para lograr los objetivos de mayor bienestar, lo que nos hace falta es acrecentar nuestra determinación y desarrollar una férrea fuerza de voluntad para lograr que el gigante despierte y se ponga en marcha.

El sentido del trabajo tiene dos connotaciones: "esfuerzo humano aplicado a la producción de la riqueza", o "penalidad, molestia, tormento o suceso infeliz". Una buena parte de los mexicanos se ha quedado con el segundo significado, haciendo del trabajo un valle de lágrimas y una desgracia necesaria para sobrevivir. En realidad el trabajo representa la mejor opción que tenemos los seres humanos para realizar todo nuestro potencial (si usted no está de acuerdo imagine que lo contratan y lo ponen a hacer nada; entonces vivirá la auténtica desgracia de ser un inútil). Leonardo Da Vinci decía:

Tú, oh Dios, vendes todos tus bienes a los hombres a cambio de su esfuerzo.

Todos nuestros sueños los podemos realizar en la medida en que nos decidamos a trabajar agregando una actitud positiva para disfrutar lo que hacemos.

Concepción Arenal era muy clara cuando señalaba:

El que trabajando sufre es porque no está sano, lo mismo que quien padece cuando come, bebe o respira.

Es a través del trabajo que se disfruta y se logra la realización plena en cualquier actividad que se realice.

Desde muy pequeños se nos ha inculcado que México es un país de grandes recursos en petróleo, minerales, metales preciosos, extensos valles y litorales; se nos ha concientizado sobre el hecho de que tenemos una bastísima riqueza potencial, pero no se nos ha dicho que para que todo eso se convierta en riqueza real es necesario agregar el factor más importante: *el trabajo*.

El mayor potencial de la nación, el recurso más valioso de nuestro país es su gente. Si logramos inculcar en nuestros trabajadores, empresarios, políticos, jóvenes y en la conciencia de todos los mexicanos en general el concepto de que el trabajo es la virtud de ser útil, y que a través de él podemos realizar nuestros sueños, el gigante despertará y hará posible lo que durante décadas ha parecido imposible: *lograr la prosperidad y la plena libertad para todos sus habitantes*.

México, léase *todos los mexicanos*, ha arribado al momento crucial de decidir su porvenir. Son momentos de despertar, de trabajar, de construir con decisión, con compromiso y con optimismo, de agregar todos los días a nuestro trabajo una sonrisa. Con los pies en la tierra y con los ojos en las estrellas ha llegado el momento de desafiar al futuro.

Una nueva generación para el siglo XXI

Es incuestionable el gran avance tecnológico registrado durante la segunda mitad del siglo XX. La evolución de las últimas décadas ha superado por mucho a cualquier otra época de la historia de la humanidad. Se ha explotado la imaginación sin conocer límites, y se han traspasado fronteras que en otras épocas pertenecían al mundo de la fantasía. Los tecnócratas y científicos dominan al mundo, pero simultáneamente nos enfrentamos a un gran vacío existencial caracterizado por la sofisticación, el abuso de las drogas, autismo provocado por los medios de comunicación, etc., y esto ha hecho que el hombre se sienta más solo que nunca. Surge entonces una necesidad universal de encontrar un significado superior a la existencia —un porqué vivir—; algo que justifique nuestra presencia en el mundo.

El ser humano del siglo XXI se vislumbra como un ente profundamente espiritual, el cual le dará un sentido humano a la ciencia y a la tecnología. El tiempo libre, cada vez mayor gracias a las facilidades tecnológicas para realizar más rápido y eficientemente nuestro trabajo, ha de devolvernos una de las funciones que caracterizó a la antigua cultura griega: pensar. Y ahora estaremos pensando en retomar los valores fundamentales de la vida y la superación humana. La evolución genética de una raza superior se dará porque el ser humano ha encontrado en su temporalidad, en nuestra corta presencia en la historia, una razón lo suficientemente fuerte para justificar su existencia.

El hombre del siglo xxi está germinando ahora a través de la incubación de valores, como son el humanismo, el respeto, la ética, la dignidad y una refrescante actitud de optimismo que dará como consecuencia una nueva generación, la *generación de la Excelencia.*

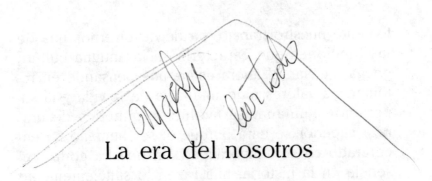

La era del nosotros

Llegó el amante a tocar la puerta de la amada. Ella preguntó:

—¿Quién es?

—Soy yo —contestó él.

Y ella no abrió. El amante reflexionó y tocó nuevamente. El cuestionamiento se repitió:

—¿Quién es?

—Soy tú —respondió.

Y ella no abrió. El amante, sorprendido, dedicó más tiempo a la reflexión y por fin entendió. Volvió a llamar, y a la pregunta de ella:

—¿Quién es?

El amante respondió:

—Nosotros —y la puerta se abrió.

Cuando dos seres se aman profunda y auténticamente se crea un tercero, que es el *nosotros*.

Cuando son superadas las posturas del *yo* —egocentrismo que sólo busca la satisfacción propia— y del *tú* —negación que únicamente busca la satisfacción del otro—, y se establece una relación clara y transparente que logra un intercambio justo y equitativo entre ambos, surge entonces el *nosotros*. Aquí ambas partes logran el bien del otro y cuidan de no lastimarse y mantener una relación sana y permanente sin que ninguno traspase las fronteras de la tolerancia, sin jamás sacar ventaja y sin abusar del otro.

El nombre del juego es: *Todos queremos ganar*. Se trata de la sensación que debe prevalecer en el equipo de trabajo, en el cual no han de existir ganadores a costa de unos cuantos perdedores; ha de haber sólo espíritu de triunfo y éste ha de consolidar la relación de los integrantes del equipo. El fracaso de la administración por objetivos (en la que lo importante es lograr el resultado final sin importar los medios ni a quien se aplaste) ha mostrado en la práctica la nefasta lucha que lleva al canibalismo corporativo, y para muestra un botón: mientras el sistema norteamericano es el pináculo del individualismo, el fenómeno japonés constituye en esencia cooperación y ayuda mutua; los resultados de ambos esquemas se explican por sí mismos al observar los valores y el ascenso que prevalecen en ambas sociedades.

Si sólo se premian los resultados, sin importar los medios, no hay ética; la ética debe ser el rector moral de todas las acciones que se realizan.

Es responsabilidad de los líderes de empresa formar en sus organizaciones a un ser nuevo que influya en todas las actividades de la empresa; un ser del que dependa la armonía en la organización y sin el cual no sea posible consolidar el auténtico espíritu de equipo. Ese ser extraordinario y fuera de serie se llama *nosotros*, y a través de su mística se busca hacer siempre lo mejor y olvidarnos de quién es superior; cada miembro del equipo debe estar dispuesto a apoyar al resto del grupo para obtener el éxito.

Cuando en un equipo competitivo, ya sea de futbol o de cualquier otro deporte de conjunto, predominan los individualismos y cada quien busca su lucimiento personal, aun cuando en el equipo estén los mejores de su especialidad, es un grupo fácil de derrotar si se enfrenta a un auténtico equipo en el que todos los integrantes estén dispuestos a lograr el éxito del conjunto.

Debemos traspasar la era del *yo* e ingresar a la era del *nosotros*, que adicionalmente es la característica de la nueva generación de negocios: "La globalización de los mercados". En ella, los propios competidores se unen para consolidar grandes demandas del mercado; unos fabrican determinadas partes del producto, otros las ensamblan, otros lo financian, y otros más aprovechan su capacidad de comercialización. Esto se da no sólo a nivel corporativo, sino también a nivel de las naciones, lo que da origen a los grandes bloques, como el europeo, el asiático y muy probablemente el próximo bloque, el norteamericano, donde las asociaciones de talentos, tecnología y capacidad industrial serán la tonalidad de los nuevos sistemas de cooperación que han de dominar en el futuro inmediato.

¿Qué se puede lograr con una pareja humana dividida? ¿Qué con una familia dividida? ¿Qué con una empresa dividida? ¿Qué con una nación dividida? Solamente debilitamiento y un final caótico.

Éstos son tiempos de unirnos en el juego que todos queremos ganar y hacer que prevalezca el espíritu del *nosotros*.

La armonía, que es un valor que todos buscamos en nuestros diferentes roles de vida —trabajo, pareja, social, familiar y hasta en vivir con uno mismo en armonía—, se consigue cuando logramos comprender, asimilar y practicar el *nosotros*. Así el ser humano, en su propia individualidad, debe atender tanto necesidades físicas como espirituales para lograr su propia e íntima armonía. A nivel corporativo, los directivos que aspiren a tener organizaciones de Excelencia deberán atender este aspecto como fundamento para lograr la cooperación y el entendimiento de todos los integrantes para que estén dispuestos a someter sus diferentes intereses individuales al logro de las realizaciones de la empresa.

Las luchas internas por el poder, que tan frecuentemente se dan en las empresas, se deben a que sus integrantes no han entendido cabalmente que todos están ahí para lograr, en forma conjunta, los objetivos institucionales, y que éstos dependen del entendimiento y la cooperación de todos y cada uno de los integrantes.

El enamoramiento, que es el resultado del primer impacto y de la atracción de dos seres que hormonalmente se seducen y ven al otro como una fuente inagotable de satisfacción a su propio yo, se convierte en amor sólido e institucional cuando buscamos la satisfacción plena del otro y éste, a su vez, busca lo mismo. Es así como ingresamos a la dimensión del *nosotros*.

Al igual que la pareja humana, la empresa debe dejar muy claro en la mente de cada uno de sus integrantes que su presencia y permanencia dentro de la organización depende de ambas partes: empresa-empleado, y en su satisfacción mutua para lograr una relación positiva y con futuro. Cuando la gente se dedica sólo a la crítica y a la lucha por el poder, el caos corporativo está garantizado.

El *nosotros* es el camino para lograr desarrollar un auténtico espíritu de equipo y es la garantía para lograr plenamente el éxito.

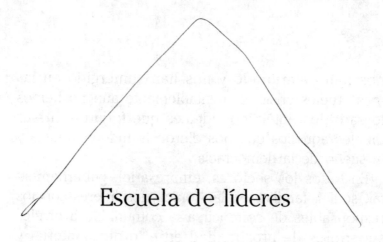

Escuela de líderes

Somos el resultado de aquello con que nos alimentamos todos los días, lo que vemos, lo que escuchamos, lo que leemos, etc. Nuestro ser se nos va moldeando de acuerdo con lo que día a día suministramos a nuestro cuerpo y a nuestra mente; si ingerimos alimentos descompuestos y de bajo contenido nutritivo, inevitablemente un día enfermaremos o nos quedaremos anémicos en nuestro desarrollo corporal. Lo mismo sucede con nuestras mentes, somos el resultado inevitable de nuestros pensamientos; si éstos son negativos y agoreros del desastre, la tragedia inevitablemente nos alcanzará. Hoy más que nunca se hace necesario el vigilar muy bien los nutrientes de nuestra mente. Los líderes tienen responsabilidad de conducir a su comunidad a estudios superiores de alta competitividad y de Excelencia; así lo demanda la nueva competencia y a ellos corresponde proporcionar los nutrientes para integrar equipos de triunfadores.

Los seres humanos somos el resultado de la educación que recibimos y los líderes que ha tenido nuestra nación no son la excepción; algunos nos han dejado un mejor país, pero otros muchos nos han deteriorado y nos han sumergido en las más crueles crisis. Lamentablemente aún no hemos logrado los auténticos ideales que forjaron en sus mentes aquellos que nos dieron la independencia y el sueño de la democracia.

En todos los sectores, empresarial, gubernamental, social, familiar o filantrópico, los líderes son los responsables de conducir a la comunidad a niveles superiores de prosperidad en el orden material y espiritual. La historia universal la escriben los líderes, y es a ellos precisamente a los que nuestro Colegio de Graduados se ha enfocado para dotarlos de una formación sólida que garantice el logro de sus objetivos dentro de un marco de ética y libertad.

Estamos convencidos de que a través de los líderes podemos forjar el mundo económico y social que deseamos.

Invertir en los líderes de una organización, por la simple imitación del poder, es invertir en toda la corporación, pues el colaborador sigue las conductas y patrones de su líder en forma inconsciente. En los líderes debemos centrar toda nuestra atención, pues son, en última instancia, la única forma de garantizar el futuro que deseamos.

Tiempos de inversión

El tiempo es un recurso no renovable: es irrecuperable. Nadie puede agregar un minuto más al día de hoy, y tampoco se puede regresar al día de ayer. Quizá usted se haya preguntado: Si todos los seres humanos contamos con el mismo tiempo, ¿por qué sólo algunos logran más que la gran mayoría? ¿Qué secretos poseen esos elegidos para realizar más que los demás? ¿Cuál es el secreto para aprovechar más el tiempo?

La clave está en decidir entre *invertir* o *gastar* el tiempo.

Cuando una empresa realiza inversiones aumenta el valor de sus activos. La empresa incrementa su valor por las inversiones en maquinaria, tecnología, instalaciones, etc., que en el futuro darán mayores ingresos. Se trata de bienes productivos. Los gastos, en cambio, se van directamente a resultados; son pérdidas para la organización. Es el mismo caso cuando pagamos el alquiler de una casa; no estamos capitalizando absolutamente nada y, por supuesto, no se espera ninguna rentabilidad de esos pagos en el futuro. A diferencia, los pagos a cuenta de un condominio se destinan en parte a amortizar la deuda y, a la larga, la propiedad será nuestra; estaremos capitalizando un bien y nuestro patrimonio mes a mes se irá acrecentando.

Algo similar sucede con el tiempo; solamente existen dos opciones: *gastarlo* o *invertirlo*. Si yo el día de mañana deseo ganar más, hoy debo *invertir* en mi preparación; si deseo tener una mejor condición física, hoy debo invertir en mi salud; si deseo tener una mejor relación con mi pareja, hoy debo invertir capital emocional esforzándome en comprenderla, en darle reconocimientos; si deseo tener un mejor ambiente familiar, hoy debo invertir en la atención y educación de mis hijos; si deseo tener una empresa productiva y de alta calidad, hoy debo invertir en tecnología y en capacitación. Y así podemos enumerar un sinfín de ejemplos, pero el paradigma es: si deseo una mayor rentabilidad o ganancia en cualquier aspecto de mi vida, *hoy debo invertir*. Y el recurso más valioso que poseemos todos los seres humanos es el tiempo. No entiendo el porqué la mayoría de las personas se dedica a gastar el tiempo y después no se explican por qué les va tan mal.

En alguna ocasión ante un grupo de pasantes de una destacada escuela de Ingeniería hacía esta reflexión:

"Ustedes son 300 egresados de una famosa escuela, de hecho una de las mejores del país; piensen que solamente unos cuantos de ustedes van a destacar en su profesión; la mayoría se quedará en el anonimato y en la mediocridad, pero ¿cuál será la razón? ¿Cómo explicarlo? ¿Buena o mala suerte? *Todos* tuvieron la misma preparación, los mismos profesores, las mismas atenciones y oportunidades; entonces ¿por qué unos cuantos triunfan y la mayoría fracasa? La diferencia radica en que unos *invirtieron* su tiempo y la mayoría lo *gastó* inútilmente".

Este concepto se aplica tanto a los aspectos materiales como a los afectivos y los espirituales: el tiempo dedicado a los amigos, a la pareja, a la familia o a la vida espiritual, es un esfuerzo de inversión que hay que hacer si se desea lograr una calidad de vida superior.

El poder del carisma

Abordar el tema de liderazgo significa analizar la historia de la humanidad. Estoy plenamente convencido de que la historia no la escriben los pueblos sino sus líderes; ellos son los que conducen a sus comunidades hacia el progreso o hacia el desastre; sus aciertos y equivocaciones trascienden muchas veces por varias generaciones o dejan marcas imborrables en sus culturas.

¿Es el carisma del líder un don natural? ¿Es un don de los dioses, o es un proceso aprendido? ¿Qué explica que muchos líderes sin ese "magnetismo natural" hayan trascendido? Si un líder desea adquirir carisma, ¿qué tiene que hacer? ¿Qué es lo que atrae a los seguidores hacia sus líderes en forma tal que están dispuestos a realizar grandes sacrificios?

Todos estos cuestionamientos me lanzaron a profundizar sobre el apasionante tema del liderazgo a partir, por supuesto, de aquellos líderes que han trascendido varias épocas como Cristo, Gandhi, Napoleón, Aristóteles y Alejandro Magno, entre otros. Son líderes que han quedado en la memoria universal venciendo al tiempo, pues la humanidad difícilmente los podrá olvidar. También me he dedicado a estudiar a los líderes contemporáneos de los campos corporativo y social: Tomas Watson, Walt Disney, Konosuke Matsushita, Martin Luther King, Charles de Gaulle, Francisco I. Madero, Mihail Gorbachov, Juan Pablo II y Winston Churchill, por citar a algunos, que a través de sus pensamientos y de sus obras han influido en las culturas de sus naciones y, en algunos casos, en la humanidad entera. A este análisis he sumado además las conclusiones de las entrevistas que he realizado a una infinidad de líderes en diferentes lugares; hablo desde líderes de pequeñas comunidades rurales hasta dirigentes nacionales, o de movimientos internacionales de más de 50 países en América, Europa, Asia y Oceanía.

Hoy más que nunca estoy convencido de que se requiere de una nueva generación de líderes que, conscientes de su realidad, con una poderosa escala de valores humanos y apasionadamente comprometidos con su sueño, sean los que escriban la historia de la humanidad; los que logren edificar un mundo más humano y más justo.

Con el deseo sincero de invitar a la reflexión que lleve a forjar esa nueva élite aporto estos pensamientos, pues estoy convencido de que sí se pueden hacer realidad a través de la visión de líderes extraordinarios. Y a ellos, a los líderes que actualmente están dirigiendo empresas, movimientos sociales, tanto nacionales como internacionales, les corresponde formar el mundo que todos deseamos para nuestros hijos.

El futuro de la humanidad nadie lo puede adivinar, pero estoy convencido de que sí lo podemos inventar a través de sembrar hoy lo que mañana queremos ver cambiado. Estoy seguro de que Dios confía en el hombre para realizar plenamente su creación.

El reto del esfuerzo

Se ha extendido como una peste la corriente del *descompromiso*, la era del no esfuerzo, también conocida como la generación *ligth* en la que los seres humanos queremos lograrlo todo sin esfuerzo alguno: adelgazar, riqueza, amor. Además, esperamos que el resultado sea instantáneo, como el café soluble, los alimentos rápidos y el horno de microondas, y de ser posible sin riesgo alguno: descafeinado, desmineralizado, etcétera.

Hemos caído en una moral ligera, en la que cada quien se fabrica sus verdades a la medida y bajo la filosofía de: "Debemos experimentarlo todo sin limitación alguna", y aquí muchos seres humanos se han perdido en el negro abismo de las drogas.

Hoy se hace necesario recuperar la conciencia de que a través del esfuerzo se logra alcanzar la virtud. Así, por ejemplo, aquella persona que todos los días se ejercita para mantenerse en forma genera autoconfianza y respeto a sí mismo; el estudiante que a través de su esfuerzo logra ocupar una posición destacada entre sus compañeros alcanza un nivel de motivación extraordinario; el trabajador que es reconocido por el esfuerzo de obtener parámetros de alta calidad se autovalora y se exige aún más.

En diversos países asiáticos se ha estado estimulando la cultura del esfuerzo entre la juventud, y el resultado han sido jóvenes más comprometidos y decididos a edificar una gran nación.

México requiere, hoy más que nunca, de una vigorizante corriente del esfuerzo. El único camino para lograr convertir nuestra riqueza potencial en real es precisamente a través del trabajo intenso y de la calidad.

Ya habrá tiempo de descansar, y será cuando llegue el momento que nos digan: ¡Descanse en paz, por los siglos de los siglos...!

Es preciso despertar ante las grandes carencias y necesidades que tiene nuestro país; y el único camino viable es decidirnos a trabajar con más decisión, con la certeza de que nuestro esfuerzo siempre será recompensado. "Cada quien cosecha lo que siembra." Son tiempos en que se requieren seres humanos comprometidos con su realidad y entregados al sueño de convertir en posible lo imposible.

El impulsar la era del esfuerzo nos dará como resultado en todos los ámbitos de nuestra nación seres humanos que estén verdaderamente decididos y convencidos de que, a través de su esfuerzo diario, constante y permanente, podrán alcanzar las metas que se han señalado en la vida. Nuestra gran meta común es México y requiere del compromiso y de la entrega de todos aquellos que creemos en esta nación.

México te necesita

Cuán admirable es el ser humano que antepone su fe a la duda, que logra enfrentar el fracaso con la fortaleza de quien tiene que aprobar un examen difícil del cual depende su ascenso al siguiente grado de aprendizaje. Cuán admirable es también quien en el éxito se deleita con toda humildad, pero sin detenerse, y lo deja pasar como un aprendizaje más. Así, el auténtico líder comprometido con la Excelencia se enfrenta al desafío de vivir y la profundidad de su espíritu se refleja en formas magistrales, tal vez incomprensibles para algunos, pero que para él son sus propias y fieles convicciones.

Las formas magistrales del líder son:

- Ante la adversidad, que no puede controlar, la acepta y reinicia con renovado ánimo su jornada como si nada lo afectara.
- Ante la traición, intenta comprender y, sin detenerse en el rencor y la venganza, sigue el camino con un espíritu limpio y transparente.
- Cuando los vientos en contra le impiden avanzar, se da una pausa y, manejando las velas

con serenidad, convierte la adversidad en oportunidad.

- Ante los escépticos hace gala de su fe y es tan profundo su compromiso que crea confusión entre los "realistas" y agoreros del desastre.
- Guarda en su corazón el secreto de la juventud, pues no ceja de empeñarse en convertir sus sueños en realidad, que además lo vitalizan y tiene así siempre una cima que conquistar.
- Sus escudos son la fe y el optimismo, y para desesperación de sus enemigos siempre tiene una sonrisa y una palabra de esperanza para aquellos que lo quieren acompañar.
- Ha hecho de la ética su código de conducta; su propia conciencia es su máximo juez, y no hay día que pase sin que haga esta reflexión: ¿qué contribución he hecho a los demás con mis acciones?
- Líderes comprometidos con el bien, con el amor y con la verdad son los que necesita nuestra nación. El mundo reclama seres auténticos, que ofrezcan su vida por recuperar la sonrisa de un niño, la paz de un anciano y mitigar el hambre de un olvidado. Líderes de una sola pieza, cuya columna vertebral sean valores de orden superior, que sabiéndose protagonistas de su tiempo abdiquen a su legítimo derecho de construir un mundo mejor. Líderes cuyos ideales sean superiores al destino. Líderes que intenten lo inalcanzable; que nos hereden la dignidad de quien luchó toda su vida por alcanzar una estrella.

México necesita de esta casta. Líderes íntegros que estén dispuestos a morir de pie por salvaguardar los valores fundamentales de nuestra nación. Líderes que nunca se pongan de rodillas ante la riqueza ilegítima, que sean capaces de renunciar a los honores no merecidos y que, sin importar las consecuencias, arriesguen su existir por defender la verdad. Líderes con la fortaleza y determinación para enfrentar la traición, la injusticia y la corrupción. Líderes que tengan la convicción de que su afán de lucha es más fuerte que el destino y que su ideal sobrehumano es el único verdaderamente humano.

México hoy te necesita y te exige, a ti, líder comprometido, para construir un México de Excelencia.

Creatividad bidimensional

Para ser verdaderamente creativo hay que crear dos veces: primero en la mente y después en la realidad.

Aquello que queramos realizar hay que concebirlo en nuestra imaginación, alimentarlo, vivir un periodo de incubación, visualizarlo con todo detalle y apoyarlo con argumentos de *sí se puede*. Por eso es tan importante recobrar nuestra capacidad de soñar; los grandes soñadores han sido los sembradores del cambio. El líder es responsable de la supervisión, de la óptica para guiar a sus colaboradores por el campo correcto; todo se le perdona a un líder, menos una cosa: "equivocarse". No puede poner a trabajar a otros en el campo equivocado.

La pregunta es: ¿De dónde surge la visión del líder? Surge de su capacidad de soñar, de imaginar lo que podría ser, de tener la capacidad de procesar la realidad con todas sus adversidades, y a través de un optimismo irreductible encontrar los caminos para convertir esos sueños en realidad. Pero debo insistir en la necesidad de estimular nuestra imaginación a través de la creación de fantasías, de lecturas diversas, de pensar y de hablarse a uno mismo de sus proyectos.

La patria del ser humano son sus ilusiones, la vida es su proyecto. Cuando sabemos qué deseamos y agregamos la suficiente fe para tener la seguridad de lograrlo, se ha iniciado el camino y como por arte de magia las adversidades se convierten en retos a superar; ya no representan pesadas cargas que hay que soportar, sino desafíos a vencer. En este punto la mitad de la ruta ya se ha recorrido y es cuando debe entrar la voluntad, que debe ser más fuerte que la adversidad. Es entonces que hemos de administrarnos correctamente para realizar nuestros deseos en cosas palpables.

El líder debe tener simultáneamente la visión y la capacidad administrativa. Debe crear en la mente y correctamente para lograrlo; ser líder y administrador se conjugan en el gran realizador.

¿Sabe usted decidir?

¿Quién debe decidir? ¿Es usted quien decide los "compromisos para ser líder" o son los demás quienes deciden por usted? Decidir nuestra propia vida es la responsabilidad más importante. La vida no se improvisa, se debe programar y jamás ceder a otros el derecho de decidir nuestro porvenir.

Decidir es la sublime expresión de nuestra libertad; es ejercer nuestro albedrío eligiendo entre dos o más opciones. Es al decidir cuando nuestra voluntad se pone de manifiesto libremente. Y es esta plena libertad la que nos obliga a asumir responsablemente las consecuencias de nuestra decisión.

Usted, por ejemplo, es libre de estudiar o no. Si lo hace, seguramente tendrá su recompensa; si decide que no, entonces tendrá que afrontar las consecuencias de su ignorancia. También es libre de decidir tener un hijo o no, y si lo quiere tendrá que asumir la responsabilidad de formarlo y educarlo. Puede decidir vivir en tal o cual país, y en donde lo haga tendrá que acatar las leyes y códigos de conducta de la nación elegida; y si usted decide trabajar para alguna empresa deberá asumir responsablemente las tareas que le sean encomendadas.

Desafortunadamente la mayoría de las personas esperan a que otros decidan por ellas, y así encontramos la disculpa tan trillada de: *"tengo que..."*: "Tengo que ir a trabajar", "tengo que ir a una fiesta", "tengo que hacer una reunión", etcétera. O la de: *"tuve que"*: "Tuve que comprar esto que no quería, pero me insistieron tanto..." Con estas excusas usted está otorgando a otros el privilegio de que decidan por usted su propia vida. Piense en el grado de frustración al sentirse obligado porque las circunstancias lo forzaron a decir que sí, o no, cuando internamente deseaba exactamente lo contrario, y de pilón usted deberá enfrentar responsabilidades que no deseaba.

No le propongo que no asuma sus responsabilidades; al contrario, asúmalas, pero avalado por su propia conciencia y voluntad. Cambie el "debo" por "quiero hacer las cosas". Esto lo logrará con la autodirección de su vida y ejerciendo su propio liderazgo, obteniendo la auténtica sensación de ser el único responsable de lo que haga o deje de hacer.

A partir de hoy usted debe asumir la dirección de su propia existencia. ¡Decida usted mismo su camino al éxito! ¡Atrévase a ser feliz!

¿Está usted instalado en la "cultura *light*"?

¿Por qué nos resistimos tanto a mejorar? La respuesta: ¡porque estamos instalados en la burguesía de la mediocridad...! Nos negamos la oportunidad de probar nuevos caminos y reprimimos el derecho que tenemos a ser mejores. ¿Sabe usted el porqué?

La vida moderna y los avances de la tecnología nos permiten conseguir casi sin esfuerzo las cosas que deseamos. Por ejemplo: para no subir de peso están a la mano toda una generación de alimentos *light*, refrescos *diet*, postres bajos en calorías, etc.; existen también máquinas en las que basta recostarse diariamente unos cuantos minutos para adelgazar sin esfuerzo. Para "disfrutar" el fumar sin peligro se fabrican cigarrillos de lechuga. Y quizá lo más representativo de esta cultura del mínimo esfuerzo es... ¡el control remoto! ¡No tenemos que dar un solo paso para cambiar de canal o para apagarlo! Queremos mirarlo todo al mismo tiempo sin ver nada, nos sumergimos en buscar la forma de gastar el tiempo sin sentido y hasta el aburrimiento, y al final del día estamos agotados de no hacer nada.

Vivimos la era del "no esfuerzo". Es la era del amor ligero: de romances que se inician y terminan en unas cuantas horas, del sexo rápido y sin compromiso, del robar porque lo necesito, del matar porque me estorbas, de una moral ligera en donde cada quien diseña su propio código de conducta.

Vamos cayendo en llevar una vida sin compromisos. Buscamos un trabajo ligero y que nos paguen bien, sin exigencias. A nivel familiar buscamos que cada quien haga su vida; si la pareja no funciona, sepárate lo antes posible, no tienes por qué luchar para conservarla. ¡Los derechos del *yo* antes que el esfuerzo del *nosotros*! Vivimos en función de los argumentos de "Tú te lo mereces, no te niegues el placer de nada, experiméntalo todo, la vida es corta, hay que disfrutarla", y mientras más nos empeñamos en gozar, mayor es la frustración y la apatía; se va apoderando de nosotros una neurosis inconsciente, un mal humor permanente, el hastío de vivir y la derrota interior.

¡Cuidado con la cultura *light*! Atrae porque complace sin límites y no crea compromiso. ¡No se convierta en víctima del terrible mal que produce esta cultura! ¡No sea usted una víctima *light*! ¡Comprométase a ser protagonista de su propia vida! Viva la cultura del compromiso, sea consciente de que a través del esfuerzo podrá lograr aquello que se proponga. Niéguese a formar parte de la nueva generación ligera que se instala en la tibieza y la mediocridad. Reconozca que el camino del esfuerzo es exclusivo de los triunfadores y que es la única ruta de los vencedores.

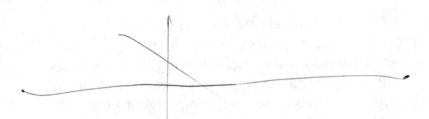

¿Está usted comprometido a vivir?

¿Quiere usted una vida digna? ¿Desea que su existencia sea una obra trascendente? ¿Está dispuesto a luchar por su plena realización? Si su respuesta es sí, y ha decidido emplearse a fondo... ¡Bienvenido al mundo del compromiso!

Compromiso significa en esencia "obligación contraída". ¿Con quién? ¡Pues con usted mismo! Usted tiene talentos que no ha utilizado. En esa obra maestra que Dios hizo en usted hay mucho por rescatar y aprovechar siempre y cuando usted esté dispuesto a hacer de su vida lo que *debe* llegar a ser.

Si usted además aprovecha las ventajas del mundo moderno y la tecnología para vivir, tendrá la satisfacción de esa fuerza maravillosa que se produce al aumentar su autoestima. ¿Cómo? Por ejemplo, cuando en vez de quedarse tarde en cama se levanta temprano a correr o cuando sin escatimar esfuerzo se prepara y cumple con sus metas por duras que éstas sean. Entonces el respeto por usted mismo se convierte en energía pura que lo impulsa a buscar conquistar cumbres más altas.

La cultura del esfuerzo que los países de la Cuenca del Pacífico Asiático han inculcado en sus pueblos ha dado como resultado una mayor prosperidad social y ha creado jóvenes disciplinados, comprometidos con el trabajo y con ellos mismos. La cultura del esfuerzo consiste en estudiar más, asistir más días a clase, trabajar más productivamente, hacer mejores productos y ofrecer mejores servicios, etcétera.

La felicidad no es un privilegio del superhombre, sino de los que son hombres de verdad, de los que están dispuestos a apostar su vida misma por cumplir con una misión y por justificar su existir. Comprendamos que la vida no es producto de la casualidad, sino parte de una evolución genética, de un camino hacia el encuentro del ser superior que nos corresponde en nuestro breve existir y nuestra cuota son los aportes para que el mundo sea mejor.

¡Decídase a ser un apóstol de la cultura del esfuerzo! Rompa con los atavismos del pasado. La indiferencia y la falta de compromiso ya no deben tener cabida en su espacio ni en su tiempo; sea responsable de la profunda renovación moral y espiritual hacia el siglo XXI.

Son tiempos de compromiso..., piense que no tenemos otro tiempo de existir, la vida no se ensaya: o vivimos hoy y realizamos lo que tenemos que hacer o habremos dejado nuestra vida para siempre en la omisión y en el reclamo.

Viva usted de verdad y, sobre todo..., ¡comprometido a vivir!

¿Sabe usted dónde está la respuesta de existir?

Seguramente usted se habrá preguntado la razón de su existir; el para qué vive.

En cierta ocasión fui invitado a una ceremonia muy singular en la que se conmemoraba el séptimo aniversario del fallecimiento del padre de unos queridos amigos y en la cual se pronunciaron diversos discursos. Escuchamos lo que la esposa pensaba sobre el difunto y sobre la obra de su vida, lo que un trabajador recordaba de su líder, a un hermano hablando del amor que le inspiró, a un amigo y el recuerdo de la cálida amistad que le entregó, y finalmente hablé yo; me correspondió hacerlo en calidad del mejor amigo de sus hijos. Hablé de la presencia de su padre a través de mi experiencia con ellos, pues no tuve la oportunidad de conocerlo personalmente, y fue a través de ellos que percibí su gran calidad humana. Esta experiencia me llevó a reflexionar que si yo lograba visualizar lo que yo quisiera que dijeran en mi funeral sobre mi vida podría encontrar los objetivos principales para darle sentido a mi existencia.

Imagínese usted por un momento que llega a un sepelio en donde curiosamente están reunidos sus seres más queridos e importantes, y para su sorpresa, al momento de mirar dentro del ataúd se da cuenta de que ¡ahí adentro está usted! Entonces empieza a escuchar atentamente lo que dicen de usted su pareja, sus hijos, sus amigos, sus colaboradores, sus parientes y hasta un representante de la sociedad en donde vivió. ¿Le agrada lo que dicen? ¿Es eso lo que usted realmente deseaba lograr? ¿Ve realizada y concluida su misión? Es más, si se muriera hoy mismo, ¿qué cree que dirían en su funeral? ¿Y si fuera dentro de un año?, ¿o en veinte años? ¿Realmente trascendió su obra? ¡Ahí está la respuesta!..., al final de su vida. Esta sencilla visualización nos invita a reflexionar cuidadosamente sobre cuál es nuestra misión existencial, y también nos hace evaluar si la dirección que llevamos es la correcta. Muchas veces nos esforzamos demasiado sin sentido alguno.

Desafortunadamente la mayoría de las personas mueren extraviadas, sin haber tenido en alguna ocasión la claridad de lo que deseaban lograr y viviendo improvisadamente, dando tumbos para llegar a cualquier lugar.

¿Sabe usted cuál es la misión de su vida? ¿Sabe qué debe realizar en su existencia? ¿Con su pareja, sus hijos, en su trabajo, con sus amigos, con su nación? Son preguntas básicas para definirse en la vida. Como dice el maestro Victor Frankl:

Las respuestas nadie me las podrá dar... ¡Yo las debo encontrar!

Ya no viva a la deriva; exíjase una rigurosa auto-dirección y se dará cuenta de la velocidad tan verti-ginosa que toma su existir, pues estará convencido que va por el camino correcto. ¡Descubra la misión de su existir!

La reingeniería humana

¿Le gustaría a usted tener éxito en la vida? Le voy a dar un secreto muy valioso para conseguirlo: el binomio *valores* y *hábitos*.

Los *valores* son la parte nuclear del ser humano. Con base en ellos marcamos la calidad de vida que tenemos y que esperamos porque son la fuente de nuestro ser y los manifestamos en la realidad a través de los *hábitos*.

Somos lo que hacemos: si soy una persona alegre y optimista, en el fondo vivo el valor de la alegría. Si busco permanentemente que mi trabajo sea de alta calidad es porque vivo el valor de la calidad. Si me preparo constantemente es porque valoro la superación. Si cuido a mi pareja, la atiendo y la comprendo es porque en el fondo la amo. Si ejerzo con responsabilidad mi paternidad es porque valoro profundamente a mis hijos. En resumen, lo que demuestro en la práctica son los valores que poseo.

Tenemos que enfrentarnos a una cruel realidad: muchos de los errores que tenemos los hemos convertido en hábitos y han pasado a formar parte de nuestro ser; son "nuestro estilo de hacer las cosas".

Hágase usted su propia *reingeniería humana*; haga una larga lista de propósitos y la firme promesa de iniciar y cumplir este nuevo programa.

Pregúntese: ¿Cómo me gustaría ser? Lo reto a que se reinvente, a que se haga de nuevo partiendo desde luego de su realidad, visualizando los nuevos valores que serán la base de su éxito y proyectándolos a través de buenos hábitos.

- Si el mal humor es su error convertido en hábito, desarrolle el hábito de sonreír, sembrando en su corazón el valor de la alegría.
- Si la impuntualidad es su mal hábito, desarrolle el de ser puntual: llegue siempre cinco minutos antes sembrando en su corazón el valor del respeto.
- Si es usted mentiroso, sea veraz y confiable; siémbrese el valor de la honestidad.

Usted es el único que sabe qué cambios debe realizar. Hágalo en tres pasos:

1. Piense en *qué* desea cambiar.
2. Hágase un serio *compromiso para cambiar*.
3. Busque *cómo* hacerlo.

Recuerde esto: ¡El arte de ser persona consiste en renovarse permanentemente!

¿Sabe usted cómo vitaminar sus hábitos vitales?

Indudablemente recuerda usted la fábula "La gallina de los huevos de oro", de Esopo, que habla sobre un granjero que se encuentra a una gallinita lastimada, a la que recoge, cura y da de comer hasta que un buen día se encuentra un huevo de oro en el gallinero. Al día siguiente el granjero vuelve a encontrar otro huevo de oro, y día con día la gallina repite el milagro. El granjero piensa entonces que si la gallina es capaz de poner un huevo de oro diariamente, por dentro ha de tener una mina de oro, así que decide sacrificarla y ¡oh, decepción!, no encuentra absolutamente nada. Dice el refrán: "La ambición rompe el saco". Este pobre granjero quiso toda la riqueza en un instante, y en lugar de cuidar a la gallina la mató inútilmente.

La moraleja de esta fábula la podemos aplicar en los roles de la vida. Los padres complacientes que dan todo a sus hijos con tal de verlos contentos, pero sin educarlos, a la larga acabarán en un mundo de conflictos y sin bases firmes para conducirse a la madurez y al crecimiento psíquico. En la pareja, cuando solamente se disfrutan mutuamente en los buenos momentos, pero no se respetan ni protegen, descuidando la comunicación y sin propiciar el crecimiento mutuo, tarde o temprano la gallina les deja de poner huevos de oro.

Es muy importante el binomio de mantener el ente productivo y de hacerlo producir. Una empresa no se puede dedicar a invertir en maquinaria sin producir, como tampoco debe dedicarse sólo a producir olvidándose de dar mantenimiento adecuado al aparato productivo.

Nos sorprende ver líderes que tienen una gran energía y capacidad de realización, aunque algunos de ellos físicamente no corresponden al modelo de *Superman* o del *cowboy Marlboro* sino todo lo contrario: se parecen a Gandhi, a la Madre Teresa de Calcuta o a Francisco I. Madero, entre otros. Misterio hoy aclarado científicamente, todos ellos han sido adictos a una droga: la endorfina, fueron endorfinómanos..., pero no se imagine que se inyectaban o fumaban algo raro, sino que tenían la capacidad de producir la sustancia llamada endorfina, segregada por nuestro cerebro, y que es 120 veces más poderosa que la misma morfina. El cerebro de ellos, como el de usted o el mío, puede producirla ilimitadamente. La fórmula es muy sencilla y su práctica es lo que reviste un auténtico reto:

Endorfina = Esperar lo mejor.

La mente trabaja bajo dos paradigmas extremos: esperar lo mejor o esperar lo peor. El segundo es el más común pues no exige nada. En contraparte, el autovisualizarse como triunfador requiere de un esfuerzo, de una energía vivificante que nos anime a la acción y que nos permita enfrentar cada obstáculo no como una dificultad sino como un reto. ¿Cómo conseguirlo?

Los hábitos vitales para tener una vida plena, y a los cuales denominamos la supervitamina E, son:

- Espera lo mejor, lo cual nos ofrece una visión optimista y práctica de la vida.
- Energía que nos dé el poder de realización.
- Emotividad que nos permita un sano desarrollo psicológico y un medio afectivo para relacionarnos con los demás.
- Evolución que nos impulse al cambio a través del permanente aprendizaje.
- Vida espiritual que nos dé seguridad interior al acrecentar nuestros valores y proyectarnos hacia la felicidad.

El secreto para ser feliz es ¡ser feliz!

¿Sabe usted retirarse a tiempo?

¿Ha pensado usted en la importancia de "regresar" para renovarse? Nos hemos encandilado con el espejismo de que sólo avanzar, crecer o progresar son sinónimo de éxito, y en este contexto nos parece doloroso detenernos para evaluar lo realizado, para verificar el camino ya recorrido. Si después de cada acción ejecutada, de cada tramo del camino, nos detuviéramos y rindiéramos cuenta del viaje, nos podríamos percatar de que hemos cometido algunas equivocaciones, que nos duelen mucho, y que son los costos que tenemos que pagar por las malas decisiones.

Al igual que el explorador consulta frecuentemente una brújula, establece la ruta en el mapa y verifica constantemente su posición para poder llegar a su destino, un líder debe tener "super-visión", y de manera certera seguir el hábito de consultar constantemente su brújula (que para él es su misión), y evaluar si las estrategias y acciones elegidas son las adecuadas. A nadie le gustaría hacer un largo recorrido para que al final llegara al lugar equivocado. Desandar el camino, aun cuando el tiempo transcurrido es irrecuperable, resulta un proceso doloroso, pero es la única forma de aprender de nuestros errores. Si esto es tan duro, ¿por qué no creamos el hábito diario de detenernos? Por supuesto que esta acción, por sí sola, no nos asegura el éxito, pero sí nos permite ver si vamos por el buen camino.

Imagine que es usted el protagonista de su propia obra y que ha estado actuando durante mucho tiempo. Sálgase momentáneamente del escenario y conviértase en espectador, ubíquese en una butaca y evalúe la calidad de la obra, del actor y de los mensajes. Si con toda honestidad cree merecerlo apláudase, y si nota fallas, reflexione profundamente sobre cómo corregirlas.

No espere a que lo obliguen a retirarse del escenario; si nota que tiene agotamiento excesivo, síntoma muy importante de que el sistema de alarma de nuestro cuerpo está sonando y avisando que estamos muy propensos a cometer errores, ha llegado el momento de retirarse y recargar energías. Hágalo en la medida en que se lo permitan sus posibilidades, pero hágalo.

El exceso de actividades, no tener tiempo para nada, el ansiolismo (situación neurótica en donde queremos estar y no estar y hacemos mil cosas sin sentido, pero con prisa viviendo anticipadamente el desastre), son indicadores de que hay que retirarse a reflexionar, a buscar el rumbo con nuestra brújula para ubicarnos en nuestra misión en la vida.

Vuelva a nacer, vuelva para renovarse y recárguese emocionalmente; la vida requiere no sólo de recursos económicos, también del capital emocional para tener la vitalidad, el esfuerzo y el entusiasmo que exige toda realización digna y de calidad.

Recurra a lecturas inspiradoras y positivas, que lo saquen del escenario y le permitan descansar. Escuche buena música, reflexione en la soledad, haga oración y acérquese a Dios; le dará seguridad y certeza para planear el futuro inmediato.

Recuerde que la seguridad económica no está en el dinero que poseamos, sino en nuestra capacidad de producir riqueza a través del pensamiento creativo y del esfuerzo constante. La seguridad debe estar en nosotros mismos.

Retirarse, renovarse y regresar debe ser un hábito permanente que asegura el camino correcto.

¿Se está usted ganando el derecho a escribir en la historia?

¿Sabía usted que a cada generación le corresponde contribuir con su cuota histórica para servir de eslabón en la superación genética de la humanidad? La opción es: ¡trascender o resignarse a no haber existido!

La historia la escriben aquellos que, como usted y yo, estamos inconformes con nuestra realidad, y que estamos dispuestos a pagar la cuota de esfuerzo para no caer en la vida sin valores de los *seres light*. Entre más grande es la tentación de vivir sin compromiso y con todos los disfrutes, más es la necesidad de llenarnos de valores superiores y universales. Existen verdades y principios universales que en todo tiempo deben ser difundidos.

Estamos viviendo un auténtico *sida* social: un "síndrome de inmunodeficiencia de valores". Hemos agotado nuestro sistema espiritual para combatir los antivalores que aquejan actualmente a la sociedad. El tiempo ya nos rebasó y si no queremos renunciar al futuro del mundo que heredarán las generaciones venideras, tenemos que combatir al sida social con todo nuestro talento, haciendo un análisis objetivo y frío de la realidad y con un corazón valiente. Lancémonos contra el sida social cuyos rostros nos exigen cambios a gritos:

1. *Las drogas*, que en alarmantes cantidades están llenando los vacíos espirituales de la juventud de países como Estados Unidos o los de Europa; jóvenes que están encontrando su destino en el camino equivocado: la muerte en vida.

2. *El hambre*, que es la cara apocalíptica del siglo xx. La miseria y el abandono lacerante están matando más gente que las guerras. Ruandeses que mueren apilados sin que nadie pueda rescatarlos, gente de Biafra, niños de Brasil, de Perú y de todo el Tercer Mundo aquejados por este mal dantesco y sin salida.

3. *La ecología,* estamos destruyendo el planeta de mil formas y creando monstruos urbanos, como la ciudad de México. Hemos contaminado el ambiente y el agua y destruido bosques. Las invaluables selvas tropicales del Amazonas han sido devoradas y destruidas por la explotación cruel de los recursos naturales y de las especies. Cuando nos acabemos al mundo, ¿a dónde nos vamos a mudar?

¡Éste es el mundo que usted y yo tenemos! Todos los seres humanos hemos sido llamados a la trascendencia, a cumplir con una misión histórica para permanecer por siempre en la genética humana. No se requiere necesariamente ser un gran científico, político o artista; si logramos cambiar la vida de otro ser humano para lograr su propio crecimiento automáticamente estaremos logrando la trascendencia.

Si cada líder se compromete a mejorar y cambiar las cosas, a evolucionar con su gente y a proporcionarle una sólida formación humana en todos los aspectos —a nivel personal, familiar y social—, creando calidad de vida y de trabajo y haciendo arquitectura social, entonces la influencia de ese líder estará trascendiendo a las generaciones futuras.

La falta de educación es un auténtico pecado mortal y todas las religiones del mundo lo deberían considerar así. Las religiones son creyentes de un Dios creador y del hombre como su más sublime expresión; por lo tanto, el negar al hombre el derecho a ser creativo es negarle el derecho a continuar con la creación y, por consecuencia, a ser hijo de Dios.

La misión está aquí y el mundo ahora lo reclama. ¿Está usted dispuesto a escribir conmigo la historia, cueste lo que cueste?

El ser excelente

¿Le interesa saber cómo puede llegar a ser excelente?

Ser excelente es hacer las cosas y no buscar razones para demostrar que no se pueden hacer.

Es bien sabido que el fracaso tiene mil excusas; el éxito no requiere explicación. Cada vez que fallamos en algo tenemos una magnífica disculpa. El mediocre busca instintivamente una justificación para su fracaso, y por supuesto siempre juega el papel de víctima.

¿Sabía usted que en nuestro país, más que católicos, parecemos musulmanes adoradores de Alá?

Y si no, vea usted cómo lo invocamos en todo momento: *alá* mejor me va a ir bien, *alá* mejor nos aumentan el sueldo, *alá* mejor la libro, *alá* mejor me saco la lotería, *alá* mejor este país mejora, etc. Vivimos en la eterna espera de que las cosas mejoren y salgamos favorecidos. Además, cuando algo no nos sale bien, le echamos la culpa a los demás por lo que nos falló y jugamos el papel de víctima.

Piense usted que el triunfador es siempre una parte de la respuesta; el perdedor es siempre una parte del problema.

El triunfador dice: "¡Podemos hacerlo!"; el perdedor dice: "Éste no es mi problema".

El triunfador siempre tiene un proyecto; el perdedor siempre tiene una excusa.

El triunfador ve siempre una respuesta para cualquier problema; el perdedor ve siempre un problema en toda respuesta.

El triunfador ve una oportunidad cerca de cada obstáculo; el perdedor ve de dos a tres obstáculos cerca de cada oportunidad.

El triunfador dice: "Quizá es difícil, pero es posible"; el perdedor dice: "Puede ser posible, pero es demasiado difícil".

¿Sabe usted quiénes reciben los salarios más caros del mundo? Son hombres que cobran un millón de pesos por minuto, algo así como 50 millones de dólares al año. Pregúntese usted: ¿Cómo se justifica un salario tan elevado? El objetivo de esos hombres es precisamente encontrar soluciones a múltiples y gigantescos problemas y por eso les pagan lo que les pagan.

Ahora pregúntese usted: ¿Lo contrataron para ocasionar problemas o para resolverlos? ¿Desea ascender en su organización? Si usted es el dueño de su propia empresa, ¿desea progresar rápidamente? Aquí tiene el secreto:

Resuelva sus problemas actuales y pida prestados algunos más a su jefe o a su cliente más importante, le aseguro que con esta actitud usted se convertirá en el candidato al ascenso.

Pero si, por el contrario, no le gustan los problemas, le voy a dar la mejor receta para que nunca más los vuelva a tener: "Muérase", entonces verdaderamente ya no tendrá que preocuparse por el trabajo, por su sueldo, por las devaluaciones, por la contaminación o por la crisis del país.

Los problemas vienen a representar los retos de la Excelencia, son la materia prima indispensable que justifica nuestra presencia en cualquier organización. Es a través de las soluciones como nos hacemos indispensables en la empresa, la familia y la nación.

Las circunstancias no "se dan": ¡Usted tiene que ser bueno a pesar de...! A pesar de su jefe, a pesar de la crisis, a pesar de que no hay recursos. ¡Haga todo a pesar de...! Resuelva y a las soluciones póngales su sello de triunfador, no espere que las cosas se resuelvan: ¡Haga usted que se resuelvan! ¡Ponga su sello de Excelencia en todo lo que haga! ¡Sea usted un triunfador!

Las oportunidades del éxito

¿Quiere usted tener oportunidades para alcanzar el éxito?

Ser excelentes es comprender que la vida no es algo que se nos da hecho, sino que tenemos que fabricar las oportunidades para alcanzar el éxito.

La buena suerte se da cuando hacemos coincidir la oportunidad y la preparación.

¿Se ha dado cuenta de que de cada diez oportunidades que se le presentan en la vida, tan sólo una se debe a la casualidad (al amuleto que trae colgado del cuello), y las restantes nueve las ha producido usted mismo?

Está escrito en la *Biblia*: "El que busca encuentra". La buena suerte hay que salir a buscarla, y quien insiste en lograr algo, mágicamente produce las circunstancias necesarias para que ocurra. Si usted mantiene una actitud mental positiva, le aseguro que encontrará lo que busca.

Dwigth Einsenhower, quien fuera presidente de Estados Unidos, decía: "...para aprovechar la buena suerte hay que estar preparado". ¿Cuántas oportunidades se nos han escapado de las manos por falta de audacia, de conocimientos, de recursos o de tiempo? Lo importante es estar alerta y dispuesto a aprovecharlas.

Como seguramente usted sabe, en el mundo hay dos tipos de personas: las que esperan que las cosas sucedan, y las que hacen que las cosas sucedan.

Existen *ejecutivos* y *ejecutados*. No espere, ¡actúe!

La mejor forma de iniciar el día es con la firme convicción de aprovechar todas las oportunidades que se presenten. Todas las dificultades y adversidades con las que nos topamos, y que nos parecen tan malas, conllevan una lección, una oportunidad de beneficio, pero para encontrarla también hay que prepararse y aprovecharla. Ésta es la diferencia entre quien se deja abatir por la adversidad y quien de toda dificultad obtiene una enseñanza y una opción para mejorar.

Permítame contarle una historia: Un hombre llevó a su hijo de cuatro años a unas grutas maravillosas. El chico arrojó una piedra y se sorprendió por el eco que se produjo. Entonces gritó:

—¡Horrible! —y el eco devolvió el grito—: ¡Horrible!

El chico volvió a gritar:

—¡Espantoso! —y el eco le devolvió el grito.

Impresionado ante lo desconocido, el niño preguntó a su padre el porqué de esa resonancia. El padre, inteligentemente, lo tomó entre sus brazos y le dijo:

—Hijo mío, escucha nuevamente —y gritó—: ¡Maravilloso! —y el eco devolvió el grito.

Gritó entonces:

—¡Espléndido! ¡Hermoso! ¡Bello! —y cada grito fue correspondido por el eco de la gruta.

El niño sonrió y volvió a preguntar:

—¿Qué es?

El padre le dijo:

—Es la vida, hijo mío, como la llames te contesta; pídele lo mejor y te dará lo mejor, pídele lo peor y te dará lo peor.

Y así es: si usted se levanta pensando que le irá mal hoy, le puedo predecir que así será, y si además consulta con el horóscopo y éste le indica que hoy es un día lleno de dificultades, le aseguro resultados negativos, y no por culpa de los astros, sino porque nuestra mente nos predispone y hace lo posible para que las cosas sucedan de acuerdo con nuestras expectativas. Espere lo mejor y la vida le dará lo mejor.

No tiene por qué vivir del lado negativo, mejor propóngase lo positivo y le aseguro que corre el riesgo de ser triunfador; a final de cuentas estará encontrando en toda adversidad oportunidades para mejorar.

Recuerde: La buena suerte se da cuando coinciden la oportunidad y la preparación.

El carácter de los triunfadores

¿Quiere usted tener carácter de triunfador?

Ser excelente es comprender que, con una disciplina férrea, es factible forjar un carácter de triunfador.

Si cada uno de nosotros decide por sí solo ser excelente, tenga la seguridad de que habrá un mediocre menos en el mundo.

¿Sabe usted que la consistencia es la cuota que hay que pagar en la vida para lograr ascender a la cima, y que lo más difícil de lograr en todo lo que hacemos es calidad constante? Muchos empresarios inician con un producto de gran calidad. Conforme va transcurriendo el tiempo, el producto o servicio se va deteriorando hasta que se convierte en una sombra de lo que fue. Lo mismo ocurre con los buenos propósitos que un día ponemos en marcha: van cayendo en el olvido y nuestra superación se queda en el recuerdo.

Yo lo reto, amigo lector, a que se fije una meta: ¡Ser mejor 1% cada día!, no más..., ¡1% diario! El resultado, si somos consistentes, sería lograr ser mejor en un 365% al año. Para que le sea más accesible, ¿qué le parece ser un medio por ciento mejor hoy que ayer? Aun con esa insignificancia de mejora diaria lograría superarse cuando menos un 100% al año.

Imagínese el valor del esfuerzo diario, de mejorar un poco cada día, la belleza de las personas que se entregan apasionadamente al trabajo haciendo de esto la mejor parte de su vida, la parte creativa. Créame, yo adoro tener éxito, sin embargo, el entusiasmo espiritual y emocional lo siento no cuando lo consigo, sino mientras lo busco.

El secreto en los negocios consiste no en ser 100% mejor que la competencia; basta con que lograra ser 1% mejor en 100 diferentes cosas: 1% mejor en la atención a los clientes, en empaquetados, en facturación, en llamadas telefónicas, en entregas, en la calidad de los productos, etcétera.

Intente convencer a todo su grupo de tener todos los días un pequeño empuje de superación: la Excelencia consiste en pensar en grande y comenzar desde lo pequeño; un camino de 10 000 kilómetros se inicia invariablemente con un primer paso.

La inconsistencia es el peor enemigo de la Excelencia. Recuerde el fenómeno que sucede al inicio de cada año con los buenos propósitos. Los que deciden levantarse a partir del primero de enero a las seis de la mañana para hacer ejercicio, el primer día es un tropel de bienintencionados, al mes queda la mitad, y al tercer mes nos encontraremos a un solitario que seguramente no salió a correr, sino que tal vez apenas está llegando a su casa después de una noche de parranda. El acero se templa a altas temperaturas; para ser de Excelencia también se necesita forjarse con una gran voluntad.

Ahí se demuestra el carácter de los vencedores; rétese a sí mismo todos los días y someta su temperamento displicente a la forja de la voluntad de triunfadores.

La felicidad del éxito no está al final, es un sentimiento que crece en la medida en que nos entregamos más y más ante los retos del trabajo que realizamos día con día. ¡Disciplínese, que bien vale la pena, y conviértase en un triunfador!

De los errores se aprende

¿Sabe reaccionar positivamente ante sus errores?

Ser excelente es saber decir: "Me equivoqué", y proponerse no cometer el mismo error.

Existen seres humanos que acumulan sabiduría y otros, por desgracia la mayoría, que acumulan estupidez. La diferencia está en que los primeros son aquellos que ante el fracaso se preguntan en qué se equivocaron y aprovechan los errores para aprender y no repetirlos. Los segundos, en cambio, siempre están echándole la culpa a los demás de sus fracasos. ¡Viven sus fallas provocadas por los demás!

El doctor Edwards Deming, considerado el padre del milagro japonés, fue en los años cincuenta a enseñar a ese pueblo el control estadístico de la calidad. Usted sabe qué tan importante es hoy en día la calidad en los productos o servicios que consumimos, y la única forma de mejorar esta calidad es a través de medirla. Así detectamos los errores, los estudiamos y analizamos y buscamos la forma de superarlos.

Deming dice que del 100% de las fallas que se dan en un departamento, los datos indican que 85% son producidas por el líder del grupo y es tan sólo 15% el que corresponde a los operarios.

Resulta ciertamente doloroso que como líder yo sea el máximo responsable de las fallas en mi gente, y más doloroso aún resulta a nivel familiar, donde las fallas de mis hijos tienen su origen en mis propios errores.

¿Recuerda usted la "Ley de la tontería menor"? Si yo dirijo sólo a una persona, mis errores afectan a uno, si dirijo a 20, mis tonterías se multiplicarán por 20, y si dirijo a mil, a cien mil, a un millón, o a toda una nación de 91 millones de habitantes, de ese tamaño se repetirán los errores y tonterías. Ante la responsabilidad que esto representa..., ¡sin duda que es más cómodo echarle la culpa a los demás! Si no, no podrían volver a dormir tranquilos ninguno de nuestros dirigentes.

Ahora le pregunto: ¿A cuántos dirige usted? ¿Sobre cuántos tiene influencia? ¿Cómo se comporta respecto a sus errores?

El líder que humilla, desprecia o maltrata a sus subordinados, ya sea a nivel familiar, empresarial o gubernamental, va creando lo que se denomina "Cuentas por cobrar", que tarde o temprano el humillado se cobrará.

Durante más de 20 años de entrevistar a los mejores líderes en diversos países pude darme cuenta de que los que de verdad convencen y llegan al corazón de los demás, que no hablan de poder o dominio sino que tienen una cualidad, son aprendices por excelencia; tienen la rara habilidad de dejarse enseñar, y lo que es más curioso aún: permanentemente están aprendiendo de sí mismos, de sus propios errores, a grado tal que después de cada error resurgen con mayor seguridad en ellos mismos porque cada vez van adquiriendo mayor sabiduría de sus experiencias.

Recuerde el precepto bíblico que claramente nos dice: "Corrige al sabio y se hará más sabio; corrige al necio y te lo echarás de enemigo".

El ser excelente tiene la grandeza y humildad de aprender de sí mismo tanto del éxito como del fracaso, de saberse el principal responsable de su existencia y estar convencido de que cada fracaso es una maravillosa oportunidad de aprender a mejorar. Hágase en esta forma la cuota diaria para ser un triunfador.

El fracaso y la derrota

¿Se siente usted fracasado o quizá derrotado?

Ser excelente es levantarse cada vez que se fracasa con un espíritu de aprendizaje y superación.

Recuerde que es el desafío lo que hace al líder de Excelencia y no hay desafío sin riesgo al fracaso. Decía Carlos Madrazo, quien murió en un accidente, que hay dos tipos de hombres: los que nunca fracasan y los que tienen éxito. Por supuesto los primeros nunca fracasan porque nunca se arriesgan a nada, en cambio los segundos acumulan tal cantidad de fracasos que a través de ellos aseguran el éxito.

Si usted intenta sólo lo que está seguro que le va a salir bien, logrará pocas cosas en la vida, pero si intenta muchas y algunas le salen bien, será un triunfador.

Existe una empresa que produce alimentos enlatados que me llama la atención por su filosofía del éxito. Sus nuevos productos pasan invariablemente por una batería de mil pruebas para asegurar su calidad.

Si en la prueba número uno se tropiezan con algún error, hacen sonar la sirena y anuncian por altavoz el fracaso. Su criterio es: "Si a la primera falló, le falta todo para perfeccionar, y al primer intento ya localizamos lo que debemos mejorar". Pero si el producto se encuentra en la prueba número mil y falla, entonces hacen disparar el cañón de salva en el patio y lo anuncian, porque se encuentran ante un fracaso extraordinario. Su razonamiento es: "Estamos a un solo intento de lograr la Excelencia".

Esto refleja su espíritu de aprendizaje corporativo.

El fracaso nos enseña cómo no se deben hacer las cosas, pero desafortunadamente la mayoría de las personas se consideran perfectas. Ya no pueden mejorar y han perdido la capacidad de cambio para ser mejores.

Recuerdo a una persona que en una ocasión me decía: "Antes me creía bueno, ahora estoy convencido de que soy perfecto". Y esto es lo que yo denomino "Síndrome de producto terminado"; es el que ha perdido la capacidad de superarse, el que se deja contaminar por el éxito y la soberbia. Los peligros de la satisfacción de sí mismo pueden llegar a ser fatales.

¿Sabía usted que el fracaso, bien aprovechado, es la mejor materia prima para lograr éxito? Los jóvenes tienen menos miedo al fracaso porque en ellos domina el espíritu de desafío a la situación actual, y su deseo de retarse ante esto les permite intentar lo imposible.

Lograr la madurez es alcanzar un estado de humildad por aprender. La juventud es un estado mental en donde día a día buscamos la superación.

Poder decir "no sé", honestamente, nos permite acceder a una gran cantidad de información.

Recuerde que la Excelencia es cambiar para mejorar. Mejorar es madurez para irse creando a sí mismo sin fin.

No se detenga, siga adelante. El crecimiento es permanente y en la vida el poder destacar sólo está permitido para aquellos que tienen la osadía de buscar su superación día con día. Hoy es el momento, aquí y ahora, para que decida sus cambios. ¡Sea humilde..., aprovéchese a fondo! Aprenda de cada fracaso y le aseguro que: ¡La cima de la Excelencia estará a su alcance!

Nuestra tarea: la búsqueda de la realización personal

¿Sabe usted cuál es la tarea más importante que Dios le ha asignado por el simple hecho de vivir? La tarea es ser excelente:

Ser excelentes es reclamarse el desarrollo pleno de las potencialidades, buscando incansablemente la realización.

La vocación universal del hombre es su propia y plena realización.

Al nacer todos los seres humanos estamos dotados de potencialidades y virtudes, pero también de limitaciones y carencias; un ser sin cualidades sería un monstruo, del mismo modo que alguien sin defectos no sería humano, sería un querubín.

Todos los seres humanos tenemos una vocación, un llamado a llegar a ser; el problema radica en descubrir esta potencialidad y estar dispuesto a pagar la cuota para realizar plenamente ese ser.

¿Se ha preguntado usted alguna vez, en un plan tranquilo y sin presiones, con toda sinceridad, qué es lo que desea ser? ¿Qué es a lo que aspira en la vida? ¿Qué quiere realizar? Seguramente hay cierto tipo de actividades que usted goza plenamente; donde expresa plenamente sus potencialidades: ¿Cuáles son esas actividades? ¿Ya las identificó? Desgraciadamente muchas de ellas las tenemos delegadas para el fin de semana porque no son acordes con lo que tenemos que hacer para ganar dinero.

Sería maravilloso descubrir esto en la infancia pues nos facilitaría el desarrollo. Cuando se es adulto el costo resulta muy elevado porque un cambio a estas alturas puede significar enormes sacrificios. La alternativa sería preguntarse: ¿Debo seguir realizando esto que me frustra y no me permite aprovechar mi capacidad, o debo arriesgarme a reclamar mi auténtica naturaleza? Usted tiene la respuesta.

¿Ha notado cómo muchas veces los padres de familia cometemos el error de forzar a nuestros hijos a ser lo que no desean? Imagínese que el padre de Miguel Ángel Buonarroti hubiese querido que su hijo fuese comerciante; el hijo, desafiándolo, luchó por ser escultor y..., ¡qué escultor! ¡Legó a la humanidad obras maravillosas! Piense cuantos y cuantos han desfilado por la vida con esas potencialidades y..., para nada. Los cementerios están poblados de tumbas con epitafios que tácitamente nos dicen:

Fulano de tal nació, vivió y murió y nunca supo para qué existió.

No se compare con los demás; decídase a pagar el precio de su realización.

No estamos en el mundo por casualidad; tenemos que aportar en nuestra época la cuota generacional para que la humanidad avance. Pregúntese: ¿Estoy aprovechando plenamente y mejorando a mi comunidad? ¿Estoy formando mejores hijos que mis padres? ¿Mi empresa, o departamento, ha sido enriquecido por mi presencia?

Desafortunadamente vivimos una serie de valores invertidos en los que lo más importante es tener, como si la riqueza fuera la única virtud, y en torno a esto, sacrificamos nuestra propia esencia haciendo de la falsedad una fuente de éxito, dejándonos llevar por los valores exteriores y sacrificando el fondo del ser. La riqueza debería ser el medio que necesitamos para llegar a ser; recordemos simplemente que los grandes hombres de la historia se distinguieron porque decidieron ser, y no tanto por querer tener.

El derecho a aparecer en la historia no se compra. Descúbrase a tiempo y potencialícese a tiempo. Los grandes avances de la humanidad fueron hechos por hombres que coincidieron en su tiempo y en su espacio entregándose plenamente a sus ideales.

Sea usted de los seres excelentes que viven apasionadamente su propia realización. ¡Atrévase a ser de los que escriben la historia de la humanidad!

Para hacer bien las cosas

¿Valora usted la importancia de hacer bien las cosas cada día?

Ser excelente es entender que, a través del privilegio diario de nuestro trabajo, podemos alcanzar la realización.

Hagamos de cada hora de nuestra existencia una obra maestra.

¿Cree usted en la reencarnación? Yo sí; pero en la reencarnación semanal, porque he conocido personas que se transforman el viernes por la tarde, viven plenamente el sábado, y el domingo por la tarde empiezan a morirse nuevamente: el lunes van a trabajar como zombies arrastrando la cobija y ansiando que llegue el viernes para revivir.

Erich Fromm decía que los hombres que no aman es porque están dormidos y porque desean estar muertos la mayor parte de su vida. Por eso, cada cumpleaños deberíamos vestirnos de negro y sentarnos en una piedra picuda a reflexionar qué hemos hecho en nuestras vidas.

Recuerde que lo único que poseemos es el presente; el tiempo es un recurso no renovable, no lo podemos ni ampliar, ni recuperar, ni comprar por todo el oro del mundo para aumentarle un día más a nuestra existencia. La única opción es aprovecharlo verdaderamente en el presente: hoy es el día más importante de nuestra existencia pues nadie puede asegurarnos que mañana estaremos vivos.

¿Sabía usted que la más grandiosa manifestación de la naturaleza humana es la creatividad? Dios otorgó al hombre este don, y tenemos la opción de asemejarnos a él todos los días a través de este talento creador en el trabajo diario. Pero para muchos, desafortunadamente, el peor castigo es tener que trabajar, cuando en realidad es un verdadero privilegio el tener la oportunidad de ser útiles.

¿Le parece pesado trabajar? ¿Lo ve como un sacrificio porque "tiene que soportarlo"? Para algunos el trabajo es castigo, pero para otros es un privilegio... ¡Es la misión sagrada y la más valiosa que tenemos!

Cuánta gente vemos lamentándose de su trabajo, encontrándole todo el tiempo los factores negativos. Cuando llega el momento de la jubilación, y ya no tienen que trabajar, viven un cruel despertar: es tan grande la frustración y el vacío de no ser útiles que a muchos les ha costado la vida.

Cuando vea el amanecer de cada día piense en la interesante aventura que está a punto de iniciar. Si ve todos los días diferentes y se propone vivir intensamente, dando lo mejor de usted mismo, con el espíritu sincero de ser útil y de servir, le aseguro que el trabajo será un placer y usted estará en el camino de los seres que buscan la Excelencia. Al famoso Miguel Ángel Buonarroti lo encontraron el día de su muerte con un cincel en las manos porque seguramente estaba convencido de que ese día lograría la Excelencia en la escultura que iba a iniciar.

Un requisito indispensable y obvio para descansar es estar cansado. Regrese cada día a su casa con la satisfacción de haber dado su mejor esfuerzo en todo lo que realizó, y habrá descubierto el secreto de los seres excelentes:

En el privilegio diario de nuestro trabajo está la opción de realizarnos.

¡Ponga su corazón, su mente, su intelecto y su alma aun en las acciones más pequeñas! Éste es el secreto del éxito.

La obra de su vida

¿Cuál es la obra de su vida?

Ser excelente es crear algo: un sistema, un puesto, una empresa, un hogar y una vida.

Recuerde que el ser humano es la imagen y semejanza de Dios, pero se hace realmente semejante cuando es creativo.

Cuando Miguel Ángel Buonarroti terminó una de sus más célebres obras, el David, la gente admirada por tal perfección le dijo:

—¡Sólo le falta hablar...!

El gran maestro contestó humildemente que la mejor de sus obras no se podía comparar con una mujer dando a luz: "Ahí —dijo el artista— sí existe la perfección de una escultura viviente".

¿Se ha puesto usted a pensar que la máxima manifestación de nuestra potencialidad creadora está en la concepción de un ser humano que a las ocho semanas de gestación ya está completo, y que además cuando sale a la luz inicia una permanente transformación y se va esculpiendo a sí mismo durante toda la vida?

Recuerde cómo se ha sentido cuando, al tener una idea, la ha llevado a la práctica. El grado de satisfacción es extraordinario. La parte fecunda de nuestro ser está en mostrarnos creativos; nos hace sentir útiles y al mismo tiempo nos alienta a buscar más y más ideas.

¿Cómo definiría usted la creatividad? En su origen, el ser creador es el que hace algo de la nada, y eso solamente lo logra Dios. Los seres humanos mezclamos ideas y conocimientos, alteramos el orden establecido y ésta es la esencia de los procesos creativos: concebir una nueva forma o una nueva aplicación.

El auténtico ser creativo es aquel que descubre problemas y que obviamente al momento de concebirlos no conoce las soluciones, pero trabaja apasionadamente para encontrarlas. El ser que concibió la idea de volar, por ejemplo, no sabía cómo hacerlo y hay que recordar en qué cantidad de problemas se metió para poder convertir su sueño en realidad.

Y así han sido las grandes obras y avances de la humanidad. Recuerde el mismísimo viaje de Cristóbal Colón: lo llevó a meterse en muchos problemas para demostrar que existía otra ruta hacia las Indias, y por casualidad se topó con todo un nuevo continente, después de desafiar muchos obstáculos.

Cuando usted se decide a crear un nuevo producto, cambiar un sistema o crear un nuevo puesto en su empresa, está desafiando lo establecido y seguramente se encontrará con mucha gente que se opone a este proyecto, pero gracias a estos cambios, la empresa avanza. La gente que va a la vanguardia en las organizaciones es aquella cuya consigna es descubrir e inventar problemas. Por supuesto que la creatividad encuentra oposición; las nuevas ideas son como piedras lanzadas cuesta arriba en contra de las costumbres de las personas y a muchos les causan pánico, pues alteran sus hábitos tradicionales.

Pregúntese: ¿Hay algo que puedo mejorar de mi trabajo? ¿De mi empresa? ¿Los sistemas actuales podrían mejorar? Y no sólo en el trabajo, también en su vida personal: ¿Puedo mejorar mi calidad de vida? ¿Las relaciones familiares pueden ser más cálidas? ¿Puede mejorar el nivel de respeto y afecto?

Invente problemas, métase en líos, sueñe con ser mejor y hacer en forma excelente todo lo que realice. Los seres excelentes son aquellos que están intentando hacer las cosas siempre en forma superior. Desafíese a sí mismo y sueñe con cambios de orden superior y luche por lograrlos.

¡Recuerde que la originalidad y el sentimiento de la propia dignidad se logran solamente a través del esfuerzo y del trabajo!

El ejercicio de la libertad

¿Sabe usted hasta dónde se puede ser libre?

Ser excelente es ejercer nuestra libertad y también ser responsable de cada una de nuestras acciones.

Libre no es quien hace lo que quiere, sino quien hace lo que debe hacer.

Muchas veces concebimos la libertad como un: "No me exijan", "Hago lo que se me pega la gana", "Soy libre y hago lo que quiero". Hay quien confunde la libertad con el libertinaje. No es libre aquel que solamente hace lo que quiere. La auténtica libertad se manifiesta en aquel que hace lo que debe hacer. Muchos identifican la libertad con todo lo que no signifique compromiso. Sin embargo, a través de los años, me he convencido de que el verdadero sentido de la libertad se logra a través de comprometerse con lo que se ama. Así, por ejemplo, una persona es libre de casarse o no, pero si decide casarse, asume automáticamente el compromiso de realizar y hacer feliz a su pareja. Se es libre para tener un hijo o no, pero si se decide a tenerlo, asume la responsabilidad de formar integralmente a un ser humano. Se es libre de decidir entrar a trabajar a tal o cual empresa, pero si decidimos entrar, adquirimos el compromiso de realizar una labor cuidadosa y diligente.

La dimensión de nuestra libertad nos la da la responsabilidad. En Estados Unidos, a un lado de la Estatua de la Libertad, deberían erigir la de la Responsabilidad.

Solamente quien es responsable identifica el verdadero sentido de la libertad. Todo dirigente de gobierno o cabeza de organización, al momento de hacerse cargo de su puesto, debe asumir la responsabilidad que esto conlleva, de lo contrario, al sólo utilizar el poder no ha entendido la enorme dimensión de su función.

A lo largo de la historia la libertad ha sido el valor nacional más importante que poseemos, por el cual murieron tantos hombres responsables que anhelaron dejarnos una nación libre. Pero la libertad hay que ganarla día con día, cumpliendo con nuestros impuestos, aportando nuestros esfuerzos para mantener el costo social, la paz jurídica y los proyectos de crecimiento y de rescate de los valores nacionales. Ésta es la libertad que está bajo nuestra responsabilidad.

Comprenderá usted que la libertad se ejerce participando, comprometiéndonos con lo que amamos. La libertad sin compromiso no existe. Los seres humanos llevamos nuestra propia esencia de libertad: uno puede ser encarcelado, privado de su libertad física, pero nadie le puede arrebatar su libertad interior, su mundo intelectual y espiritual.

El ser excelente ejerce su capacidad de decidir, defiende con la vida misma su derecho a la libertad, pues sin ella no podría vivir. Asume el compromiso que esto significa y trabaja consigo mismo al realizar su propio ser; se sabe el único responsable de lo que hace o deje de hacer, y no culpa a los demás de sus fracasos.

Usted es su propio arquitecto, usted se diseña y va formando su manera de pensar, su estrategia para decidir las acciones de cada día, su manera de relacionarse con los demás y asume ante la sociedad su propia responsabilidad. Todas sus acciones conllevan su ética y su capacidad de participar activamente o de no hacerlo, que es tanto como dar su aprobación ante las injusticias que lo rodean.

¡El poder de tu libertad está en tu responsabilidad!

Pensemos a largo plazo

Busquemos la oportunidad de demostrar nuestro talento en empresas con propósitos definidos y acerquémonos a las compañías que tienen productos o servicios atractivos o prometedores. No sólo preguntemos cuánto nos van a pagar hoy, pensemos en cuánto podremos lograr mañana y cuánto podremos aprender... "El que anda con la miel algo se le pega" dice el refrán.

Así pues, no nos escudemos como víctimas circunstanciales justificando nuestra mediocridad con la excusa de que no tenemos más alternativa que permanecer donde nos encontramos.

Enfrentémonos a la realidad y salgamos a buscar la empresa en la que realmente podamos aprender.

La mejor forma de llegar a ser estrella es enganchándonos a una estrella. Para crecer debemos aprender de alguien fuerte y ganador. Elijamos un jefe que pueda ser como el mejor maestro; así nuestro inicio será desde la cumbre de la experiencia y el éxito que él ya ha logrado.

La visión de un enano es corta por razones naturales de su estatura; un gigante tiene una visión de mayor alcance. Un enano que se sube a los hombros de un gigante ve aún mucho más.

La esencia del hombre está en su creatividad para descubrir problemas. Hay que estar dispuesto a nadar contra la corriente cuando la fuerza de nuestras ideas es realmente grande: ellas, como las briznas de polvo, pueden perderse en la inmensidad del mundo o ser la causa de un gran movimiento.

A la caza de nuevos retos

Busquemos problemas nuevos que reten nuestra imaginación y fuercen nuestro pensamiento; no dejemos de pensar en cómo hacer las cosas mejor. Recordemos que la creatividad es una piedra lanzada cuesta arriba de la costumbre, por lo que debemos dedicar un tiempo importante todos los días para encontrar nuevos caminos.

Los griegos veneraban el sagrado ocio, tiempo especial para pensar; posteriormente, los romanos rechazaron este espacio negándolo: *neg-ocio*, "negar el ocio", sumirse en una actividad frenética que sólo embota y da una visión de túnel. Sin remordimientos, dediquemos una parte de nuestro tiempo solamente a pensar..., algo vendrá a la mente para lograr lo que deseamos. Si pensamos, corremos el riesgo de que se nos ocurra algo para ser triunfadores.

Hay que lanzarse a hacer las cosas aunque no salgan a la primera; si seguimos disparando al blanco, seguramente lo alcanzaremos; lo importante es hacerlo pues es así como se logra el éxito.

El pesimismo en acción es el abandono, ya sea en el plan físico o espiritual; la gran diferencia que puede vislumbrarse entre los seres triunfadores y los fracasados está en que, mientras los individuos fracasados piensan en sus imposibilidades, los triunfadores están concentrados en sus posibilidades.

Productividad: cuatro corrientes en los últimos cincuenta años

Primera corriente

En 1948 nació la primera corriente en busca de productividad; en ella se determinaban las principales características que debería reunir un potencial directivo. En aquel tiempo se pensaba que la persona con mayores estudios era la indicada para ser ejecutivo y ocupar puestos importantes dentro de las organizaciones.

A raíz de esto, las empresas comenzaron a seleccionar a los alumnos más destacados de las universidades para contratarlos.

Esta corriente se llamó *curricular* y encontró algunas contradicciones porque no siempre los alumnos con buen promedio en sus estudios habían sido los más brillantes.

Las empresas se percataron de que existían personas que sabían demasiada teoría, pero que no eran capaces de aplicar esos conocimientos en la práctica.

Cuando se concedió el premio de los 64 000 dólares en Estados Unidos a la persona con mayores conocimientos, se le preguntó a un destacado hombre de negocios norteamericano:

—¿Cuánto le pagaría a esta persona si fuera su empleado?

La respuesta fue:

—20 000 dólares.

El entrevistador preguntó si esa suma sería el pago mensual, y el hombre de negocios contestó:

—No.

—Entonces, ¿sería el pago anual?

—Tampoco.

Y para sorpresa de quien preguntaba, el empresario afirmó que esa cantidad la pagaría por el trabajo de toda su vida, ya que con el mismo dinero podría adquirir la mejor enciclopedia con todos los conceptos que a él le interesaban.

Lo que podemos deducir es que las mentes con gran cantidad de datos en la memoria no necesariamente son propias de personas que aplican todos sus conocimientos.

Lo importante no es saber demasiado, sino aplicar lo estudiado cotidianamente ante problemas reales.

Los conocimientos son muy importantes, pero no son la única forma en la que se debe basar la selección de un ejecutivo de Excelencia.

Segunda corriente

En la década de los cincuenta surgió otra corriente de contratación en la que se señalaba que el ejecutivo debería reunir infinidad de características, siendo prácticamente imposible que alguien pudiese contar con todas ellas.

Esto tampoco es la base de un ejecutivo de Excelencia. Por ejemplo, en la práctica no es necesario contar con una presencia física impactante o ser experto en vinos franceses y alemanes para ser un buen ejecutivo. Son elementos importantes porque forman parte de la imagen personal, pero en definitiva, no son indispensables para un ejecutivo de éxito.

Tercera corriente

Otra tendencia surgió en la década de los sesenta. Se basaba, fundamentalmente, en la experiencia y enfatizaba que si una persona ya tuvo éxito en una determinada empresa, seguramente podría obtener los mismos resultados en otra organización, aunque el giro fuera diferente. Fue esta forma de pensar la que originó la "piratería" de ejecutivos entre empresas.

Sin embargo, años después se descubrió que muchos ejecutivos fracasaban al cambiar de empresa; esto obedecía, principalmente, a que si nunca estuvieron en un mercado, compañía o departamento similar, resultaba difícil que pudieran "acoplar" sus conocimientos a un nuevo entorno. Cuando esto pasaba se decía que llegaban a su nivel de incompetencia.

Curiosamente también sucedía que ejecutivos que no tenían un desempeño notable en una organización, al cambiar de trabajo se convertían en gente de éxito.

Los resultados gerenciales de esta tendencia demostraron que tenían un 50% de efectividad: existen las mismas posibilidades de que un ejecutivo se adapte, o no, al cambio.

Cuarta corriente

La última y más exitosa corriente de contratación de ejecutivos tiene su origen en las escuelas. Muchas de las universidades en Estados Unidos son producto de la asociación de una serie de empresas que patrocinan a la institución para que capacite a los profesionistas que ellas necesitan.

En México, salvo contadas excepciones, los planes de estudio desgraciadamente no responden a las necesidades del país, pues son programas traídos del extranjero que no siempre pueden aplicarse a una economía como la nuestra. El resultado es que nuestras universidades no están generando lo que la industria necesita.

Este esquema obliga a desarrollar un sistema adecuado al país que, al aplicarlo, brinde resultados satisfactorios orientados al desarrollo de tres habilidades básicas:

- *Habilidad técnica:* la habilidad para actuar eficazmente y lograr resultados positivos.
- *Habilidad humana:* la habilidad para interactuar en equipo, adherir simpatizantes y "hacer más" a través de los demás.
- *Habilidad conceptual:* la capacidad de soñar, proyectar y mantener la visión de conjunto.

Y habría que agregar, por último, también la formación cívica, que es la capacidad de compromiso con la sociedad a la que pertenece.

Ésta sería la cuarta corriente de contratación de ejecutivos, aquella que desde las universidades busca adaptar a los dirigentes que requiere el país en cada momento. Éste, sin lugar a dudas, es el tipo de contratación que se requiere hoy y que, además, ha de requerirse durante los próximos años.

El líder circunstancial

Es indiscutible que lo único que identifica a los líderes de todas las épocas es el poder que tuvieron en su tiempo, sea en el orden natural o espiritual. Así como en Física, la esencia es la energía, en materia de liderazgo la esencia radica en el poder y éste se adquiere por méritos propios o circunstanciales.

En el primer caso, por méritos propios, el líder logra conquistar la confianza de sus seguidores y obtiene la credibilidad necesaria para lograr que los demás hagan lo que él desea, más por un acto de fe que por la coerción o la recompensa. También es una realidad que, en algunas ocasiones, los dirigentes obtienen la jerarquía de líderes por un acto de autoridad, y los seguidores, quieran o no, tendrán que obedecer pues de lo contrario las consecuencias serían desastrosas (léase "castigos"). Éste es el caso de tantos funcionarios públicos y privados a quienes en un acto de la máxima autoridad "les cae de arriba" el puesto de líder.

Un empresario amigo mío consiguió una invitación para acudir a la salutación presidencial el día en que el presidente de México en turno rendía un informe a la nación y posteriormente recibía las felicitaciones personalmente de los personajes más importantes de nuestro país.

Para esta ocasión tan especial, mi amigo, que sin ser político logró tan preciada distinción, se levantó a las 5:00 a.m. y pasó las barreras de seguridad a las 7:00 a.m. para que el presidente arribara al recinto del Congreso a las 10:00 a.m.; concluido el informe, alrededor de las 14:00 horas, se trasladó al Palacio Nacional para la ceremonia del saludo y la fotografía, y aproximadamente a las 17:00 horas le correspondía el turno de estrechar la mano del presidente. Para esa hora mi amigo se encontraba fastidiado, cansado, y la multitud no cedía un centímetro, ya que la aglomeración era abrumadora.

El presidente tardaba aproximadamente 20 segundos en estrechar la mano de cada persona, pero con mi amigo sucedió algo especial: el presidente lo confundió seguramente con alguien muy cercano y lo retuvo en la línea por más de dos minutos dándole instrucciones. Era tal la sorpresa de mi amigo que sólo pudo asentir con la cabeza, aunque no entendía lo que se le estaba diciendo.

Al final del rito, mi amigo se encaminó al lugar en que se encontraba la multitud esperando, y se sintió como Moisés ante las aguas del mar Rojo, ya que la multitud se abrió para dejarlo pasar. A partir de ese momento, y como por arte de magia, mi amigo fue tratado como todo un personaje por los asistentes, a pesar de ser un desconocido en el medio. Cuando salió a abordar su automóvil, cual sería su sorpresa al ver que tenía asignada una escolta especial de motociclistas para acompañarlo a su casa.

Esta anécdota pone de manifiesto en qué consiste el liderazgo circunstancial. El otorgamiento del poder, en este caso, fue un trato especial por parte del poder máximo de ese medio. Cada vez que recibimos un nombramiento de líder, no importa el nivel, se nos concede automáticamente poder, y éste, a su vez, se traduce en ganar seguidores que son aquellas personas que están relacionadas con los círculos de poder en los que se ejerce dicho poder.

Liderazgo cognoscitivo

Konosuke Matsushita afirmaba que el siglo XXI pertenece a Japón, y esta afirmación tiene fundamento ya que él, entre otras cosas, invirtió en una escuela cinco mil millones de dólares para formar a los líderes del futuro.

Theodore Schultz, premio Nobel de Economía, afirma que invertir en líderes en una empresa equivale a invertir en toda la organización. Esto pone de manifiesto la importancia que reviste la formación cognoscitiva del líder, ya que de él depende el futuro de la empresa, y también el de una nación.

Los partidos políticos de los países más avanzados del mundo ponen especial interés en la formación de sus líderes y, en algunos casos, esos movimientos de formación de líderes generan dirigentes, como es el caso de las granjas o *kibutz* de Israel, que son parte de la formación de dirigentes, pensadores y de la población israelí en general.

El líder nace, pero también se hace.

Se ha demostrado intencionalmente que cualquier persona puede ser entrenada para ser líder, y al respecto nos aportan sus experiencias los países comunistas, las guerrillas, los partidos políticos, los países capitalistas, etcétera.

El liderazgo se va adquiriendo a través del entrenamiento, de la adquisición de las técnicas y herramientas que permiten influir eficazmente en los demás, y que en esencia es el contenido de esta obra, la de transmitir esos conocimientos a cualquier persona. El precio del aprendizaje es la disciplina y la constancia que han de permitir transformar estos conocimientos en hábitos y costumbres diarias.

En conclusión, podemos señalar que hay tres tipos de líderes:

- Naturales.
- Circunstanciales.
- Cognoscitivos.

El líder no es necesariamente bueno. El líder, es líder no importa su doctrina o propósito, y lo mismo se puede dedicar a hacer el bien que a destruir.

Ojalá predominen los primeros...

Mitos en relación con el líder

Considere la siguiente reflexión:

Los líderes son raros en la naturaleza huma-
na; nacen, no se hacen. Los líderes son caris-
máticos, dinámicos, magnetizan, son joviales, op-
timistas y poseen fortaleza. Existen sólo en las
cúspides organizacionales, y ahí controlan, mani-
pulan, etcétera.

¿Está usted de acuerdo? Por lo menos así pensaba la mayoría de la gente hasta que los científicos
sociales comenzaron a hacer del liderazgo un tema
legítimo de investigación intensiva.

Nosotros hemos revisado más de 350 teorías al
respecto, tanto de corte académico como práctico,
y hemos realizado una gran cantidad de entrevistas
con líderes del sector público, privado, artístico,
industrial, comercial, de servicios, deportivos y religiosos.

Hemos podido comprobar que las principales capacidades y habilidades de un líder se pueden
aprender, lo que demuestra que la educación es
mucho más importante que el contar con don natural, siempre y cuando el involucrado esté dispuesto

a pagar el precio por el sacrificio cognoscitivo que significa esto: el costo que representa el cambio de hábitos y de incorporar nuevas conductas a su personalidad.

¿Usted, es líder o jefe?

Formación de líderes

Como seres humanos somos el resultado de lo que comemos todos los días, de lo que vemos, escuchamos o leemos. Se va moldeando nuestro ser de acuerdo con lo que día a día suministramos a nuestro cuerpo y a nuestra mente.

Por ejemplo, si ingerimos alimentos chatarra o de bajo contenido nutritivo, un día enfermaremos inevitablemente o quedaremos anémicos en nuestro desarrollo corporal. Lo mismo ocurre con nuestras mentes; somos el resultado inevitable de nuestros pensamientos; si éstos son negativos y agoreros de desastres, la tragedia nos alcanzará irremediablemente. Por tanto, se hace necesario hoy más que nunca vigilar estrictamente los nutrientes de nuestra mente.

Los líderes tienen la responsabilidad de conducir a su comunidad a estadios superiores de alta competitividad y de Excelencia; así lo demanda la nueva competencia y a los líderes corresponde proporcionar los nutrientes necesarios para lograr integrar un equipo de triunfadores.

Los seres humanos actuamos conforme a la educación que recibimos, y los líderes que ha tenido nuestra nación no son la excepción. Algunos nos han sumergido en las más crueles crisis, pero en contraparte seguimos trabajando por lograr los ideales que forjaron en su mente aquellos líderes que nos dieron independencia y el sueño de la democracia.

Invertir en los líderes de una organización es invertir en toda la corporación; recuerde que el seguidor adopta las conductas y patrones de su líder en forma inconsciente. En la formación de líderes debemos centrar toda nuestra atención, pues es la única forma de garantizar el futuro que deseamos.

Prioridad y rapidez

Desde el punto de vista empresarial el nombre del juego es *velocidad*: podrá sobrevivir quien aprenda más rápido.

Además, la alta competitividad que la apertura comercial ha provocado nos obliga a realizar grandes inversiones para adquirir conocimiento, pues solamente las mentes preparadas podrán aprovechar las oportunidades.

Por ello, reitero, son tiempos de aprender y a esto le tenemos que dar prioridad si realmente deseamos permanecer en el mercado. Algo similar hemos de hacer en lo personal.

La única garantía para permanecer en crecimiento constante es el aprendizaje; el que deja de crecer empieza a envejecer, y el anhelo más legítimo es decidir cada día ser mejores y hacer de los seres que nos rodean seres superiores.

Cuestión de herencias

La mejor herencia de un padre a su hijo es la educación, pasaporte para su bienestar y su bien ser. La más importante herencia de un padre a su nación es un hijo que haya evolucionado y que represente un aporte social de incalculable valor, un ser con principios y verdades fundamentales que garantice la contribución para forjar un mundo mejor.

De allí la gran oportunidad del empresario para trascender a través de sus trabajadores, no sólo brindándoles una fuente de riqueza material sino, por medio de la educación, de hacer arquitectura social forjando seres superiores con un contenido de valores que además llegue hasta sus familias.

El ser humano es perfectible y también defectible; hay quien germina seres inferiores y en lugar de contribuir con la creación provoca involución y retroceso. En cambio, hay quienes siempre ven hacia adelante con espíritu de permanente evolución y superación constante. Esos seres son los que necesitan las familias, las empresas y el país.

¿Usted, qué camino ha tomado: el perfectible o el defectible?

No hay alternativa

Cada peso que se invierte en educación representa para mañana ahorros de miles de pesos en asistencia social. La nación que no invierte en educación inevitablemente tendrá que invertir en armas.

El subdesarrollo, en esencia, significa subeducación; no existe un país culto con hambre, la educación es la garantía del desarrollo, de la democracia y la libertad.

En nuestro país nacen aproximadamente dos millones de seres humanos cada cinco años. De ellos 800 mil están condenados a la no realización. Cada nuevo individuo puede ser o una luz de esperanza para nuestra nación, o una mecha de explosión que se convertirá en violencia y destrucción. ¿No es acaso nuestro deber rescatarlos y darles la oportunidad de vivir?

Proclamemos y coparticipemos, todos juntos, en un nuevo y más equitativo sistema educativo. Aunque tarde, aprendamos de esta dura y difícil lección.

¿Cómo lograr un trabajo bien hecho?

La ejecución del trabajo es relativamente fácil en comparación con planear qué hacer y cómo hacerlo. La Excelencia proporciona el motivo para realizar un trabajo eficaz y para facilitar las tareas que involucra. Sin embargo, la Excelencia no es un remedio infalible para la incompetencia. Su práctica hará que se desarrolle la habilidad, pero también la requiere en el proceso.

Si queremos un trabajo bien hecho tenemos que promover en nuestra gente los principios necesarios de motivación para hacer bien las cosas, pero con la consideración de que "el líder no enseña con palabras sino con actos". Los principios referidos son los siguientes:

1. Hacer las cosas bien desde la primera vez. Nunca hay tiempo para hacer bien las cosas, pero sí lo hay para repetirlas. Debemos formar conciencia, hoy más nunca, de que la calidad es gratis, la falta de ella es muy cara. Aristóteles resume este concepto así: "A fuerza de construir bien se llega a ser buen arquitecto".

2. No discutir frente a la gente. "El que domina a los otros es fuerte; el que se domina a sí mismo es poderoso." Manejar nuestro temperamento y carácter nos ayudará a la solución de conflictos, y eliminar las discusiones innecesarias evitará el desgaste mutuo y la acumulación de cuentas por cobrar.

3. Cuando algo sale mal no culpar a nadie; mejor preguntar: ¿en qué falle? Lamentarse de los fracasos no los soluciona; aprovechemos los errores para aprender a crecer en habilidad y conocimiento. Séneca dijo alguna vez: "La adversidad es ocasión de virtud".

4. No suponer que los demás saben cómo hacer su trabajo. Frecuentemente pretendemos que los colaboradores adivinen nuestros pensamientos y los pongan en acción. Dar seguimiento a las tareas que delegamos, supervisar su desarrollo indicando claramente qué se debe hacer, cómo y por qué, es parte de las funciones naturales del líder, las cuales podríamos enumerar: satisfacer necesidades, resolver problemas y asesorar. Aristóteles decía también que: "Nadie puede desatar un nudo sin conocer cómo".

5. Mantener la mente abierta. La mente es como un paracaídas, únicamente funciona cuando se abre. El saber escuchar nos proporciona muchos beneficios, ideas nuevas, enfoques diferentes, participación y confianza, empatía, etc. "La prosperidad sobresale en el que escucha, y no en el que habla", dijo Shakespeare.

6. Vigilar el desarrollo de las órdenes dadas. No hacer de nuestros colaboradores seres tan depen-

dientes que pierdan su iniciativa y creatividad, pero tampoco tan independientes que nos lleven a la anarquía y desorganización. No abdiquemos nuestro puesto, deleguemos y generemos la interdependencia, "la ausencia es causa de olvido".

7. Coordinar la orden dada en las áreas involucradas. Con frecuencia se cae en el error común de comunicar horizontalmente los objetivos, lo cual genera falta de comprensión entre las diferentes áreas o puestos de la organización. Debemos buscar la integración horizontal a través de la comunicación y la coordinación adecuada de objetivos y actividades, para que podamos generar los resultados esperados. El mando de muchos no es bueno, basta un solo líder.

8. Retroalimentar el mensaje con el receptor. Mantener una retroalimentación continua puede representar la última oportunidad para que las cosas salgan bien. "Los hombres aprenden mientras enseñan", señalaba Séneca.

9. Utilizar papel y lápiz: "Cuando lo escribo mi mente descansa". El hábito de anotar permite recordar fehacientemente lo que queremos lograr y cómo lo debemos hacer, y además evita dejar a la memoria los asuntos importantes.

10. Buscar la capacitación constante. Todos quieren aprender, pero ninguno está dispuesto a pagar el precio. Desarrollar en nosotros, y en nuestra gente, el hábito de la capacitación, lo cual implica concientizarla de que la única forma de sobresalir y desarrollarse es por medio de la capacitación conti-

nua, y esto exige el precio de la disciplina en el aprendizaje y de la consistencia de su hábito.

11. Motivación. Significa alentar y apoyar la participación de la gente en la formulación de metas y decisiones como una alternativa de desarrollo personal y de reconocimiento a la labor individual y conjunta. La motivación más legítima nace de la autosatisfacción de un buen desempeño, y para asegurar el mejor desempeño debemos crear las mejores expectativas hacia los colaboradores.

Evitemos la nosofobia pues ésta significa atraer precisamente lo que se teme. "Subir montañas encrespadas requiere pequeños pasos al comienzo."

12. Humildad para reconocer errores. El pedir disculpas cuando nos equivocamos nos dará señorío y credibilidad. Recordemos nuevamente que: "Es preferible contradecirse que petrificarse". La identificación de errores nos dará la oportunidad de acercarnos más hacia los objetivos que buscamos. Piet Hein lo expresó de manera sencilla en su poema "El camino hacia la sabiduría":

Errar y
errar y
errar de nuevo
pero cada vez
menos y
menos y
menos.

13. Escuchar sugerencias. Una comunicación no ha concluido cuando llega a los oídos de quien la recibe, sino cuando llega a su mente con el mismo significado de quien la envió. En la variedad de en-

foques hallaremos las soluciones más productivas y el camino más rápido hacia la Excelencia. "Muchos escuchan sugerencias, sólo los entendidos sacan provecho de ellas", apuntaba Syrus.

14. Planear antes de seguir adelante. Media hora de planeación para iniciar el día nos proporcionará una jornada de satisfacciones. La planeación debe ser parte integral de nuestra cultura personal e institucional. Tenemos que diseñar y utilizar las formas más apropiadas a nuestra empresa para señalar objetivos diarios que incluyan actividades, prioridades y sobre todo que estén expresados en términos de resultados.

15. La prisa y la rutina atontan. El detenernos a reflexionar de vez en cuando nos ayudará a reorientar nuestros esfuerzos por el camino adecuado para la obtención de resultados de éxito. Pensar bien es sabio y hacerlo bien es mejor que todo.

El recurso tiempo

Definición de tiempo: Recurso no renovable y limitado que debe utilizarse cuidadosamente. Éste es el único con que cuentan todos los ejecutivos en igual medida; 24 horas al día durante 365 días al año. Nadie puede agregar un minuto o siquiera un segundo a un día de trabajo; siempre tendrá 24 horas. Peter Drucker define el tiempo como "el recurso más escaso y, a menos que se administre, el más caro".

El hombre primitivo medía el tiempo a través de ciclos naturales (día y noche, verano e invierno). Conforme a su evolución, este concepto también se fue adaptando: las civilizaciones egipcias medían el tiempo en relación con eclipses, crecimiento de las aguas de los ríos, etc. Los astrónomos babilonios fueron los primeros en dividir el día en 24 horas, aproximadamente en el año 3000 a.C., y sus sacerdotes dividieron la hora en minutos. Por su parte, los egipcios separaron el día y la noche en ciclos de 12 horas en el año 2150 a.C.

En Europa, en el siglo XIII, se inició el uso de relojes mecánicos, los cuales tenían 24 divisiones. Es en 1344 cuando se inaugura el primer reloj público en el Palacio de Carrace de Padua, Italia, y así se establece el concepto de tiempo. Con base en él se empezó a definir cuándo levantarse, trabajar, regresar a casa, etc. En Nuremberg, Alemania, en el siglo xv, Peter Henlein fabrica el primer reloj portátil, dando a quienes lo poseían un toque de realeza y prestigio.

Para medir el tiempo y concientizarnos de su paso, pensemos que nuestra vida consta de 70 años promedio, los cuales constituyen 25 578 días. Imaginemos ahora que se nos da un bloc con 25 578 hojas; cada noche desprendemos una y la destruimos. Al ver cada hoja destruida como un día pasado podríamos cuantificar la vida que nos queda preguntándonos qué hemos realizado durante el tiempo que ya ha transcurrido. Lo mismo sucede con nuestras horas de trabajo: van transcurriendo casi sin darnos cuenta, siendo así un recurso crítico no renovable.

Otro tipo de recursos quizá puedan incrementarse, pero cuando hablamos de tiempo esto no es posible. Los minutos no aprovechados, o mal aprovechados, no pueden ser utilizados nuevamente, simplemente se desperdician.

El tiempo se puede dibujar como una circunferencia o una línea recta dependiendo del sentir de cada persona. La circunferencia denota repetición cíclica y continuidad; ésta es la forma utilizada por el ejecutivo sereno, sin afanes. La línea recta implica que el ayer se fue, que el hoy dura sólo un instante y no regresará, y que el mañana dependerá de lo que se haga hoy.

La regla 80-20 de Edwin Bliss

Edwin Bliss da por sentado que el 80% de la importancia total de una lista de cosas por hacer está contenido en tan sólo el 20% de ese listado; se espera que con efectuar dos de cada diez actividades se consiga el 80% de lo realmente trascendente.

- Diariamente, por la noche, elabore una lista de los diez quehaceres más deseables.
- Dedique parte de su tiempo de trabajo matutino a realizar las dos actividades de mayor importancia y urgencia.
- Si logra terminarlas y le sobra tiempo, siga con las actividades enunciadas en el listado.

Otros ejemplos de esta regla estadística son: el 20% de los empleados causan el 80% del ausentismo; el 20% de los productos de una empresa generan el 80% de las utilidades totales, etcétera.

Reconocer los errores

Como los hombres no somos dioses, a veces cometemos errores y sufrimos fracasos: esto es inevitable, pero lo realmente importante es el cómo reaccionamos ante ellos. Es incorrecto negarse a reconocerlos, fingir ignorarlos y descuidar remediarlos. Aunque no podemos evitar los errores, una vez cometidos debemos reconocerlos, estudiar sus causas y reformar lo que sea necesario. Es mucho más fácil decirlo que hacerlo, sin embargo, esforzarnos en hacerlo es justamente significativo, pues así utilizamos nuestros errores para transformarlos en fundamento del desarrollo posterior. No hay que vacilar en corregir un error y, ciertamente, la buena dirección consiste en saber rectificarlos tan pronto como se detectan.

Caminar con una misión

Si dejamos pasar los días sin rumbo ni objetivo nos resultarán aburridos y seremos incapaces de disfrutar el vivir. En cambio, si consideramos nuestra tarea diaria como parte de un proyecto personal, de una misión, podremos encontrar en el trabajo un sentido que nos animará y ayudará a llevar una vida más plena y humana.

¿Cómo se puede encontrar un objetivo o una misión? En realidad no son muchos los que caminan teniendo conciencia de una misión o de una meta clara y firme a pesar de ser ésta una cuestión crucial en la vida.

Las religiones prosperan mientras que en el mundo comercial proliferan las quiebras. ¿Por qué? Una religión procura la salvación de la máxima cantidad de personas; en cambio, al hacer negocios solemos buscar el interés personal. Nuestro trabajo debe estar al servicio de la gente, lo cual significa que, mediante la producción, estamos cumpliendo una misión trascendente.

Si lográramos eliminar la pobreza se aliviarían los sufrimientos y contribuiríamos a la paz y tranquilidad espiritual.

El camino correcto

La capacidad de adaptación y asimilación es vital para los hombres. El seguir la tendencia general es un modo de sobrevivir y quizá un camino más seguro y con menos riesgos de cometer errores.

Es preferible seguir este camino si no hay problemas; no obstante, este modo de vivir no siempre es tan seguro. En tal caso creo que es necesario ir por el camino que uno considere correcto sin conformarse fácilmente. Es necesario juzgar con calma cuando nos enfrentamos a las dificultades; si llegamos a una conclusión correcta debemos porfiar a toda costa aun arriesgando la vida; ignorar suele ser cómodo, pero es difícil producir algo mejor.

La culpa es mía

Resulta muy fácil ver los defectos en los demás. Ante un problema solemos cargar la culpa sobre los demás y nos consideramos libres. Sin embargo, abundan los casos en que no podemos exentarnos de culpa. Hay ocasiones en las que a nuestros ojos "claramente" la culpa recae en espaldas ajenas, y aun en esos casos si miramos desde más alto quizá descubramos que también nos corresponde parte de la culpa. En realidad, conocer la verdad está fuera de nuestro alcance, pero es importante reflexionar si la culpa en un problema la tiene uno mismo.

Quien piensa que la responsabilidad por no poder lograr algo está en los demás está completamente equivocado. Ensimismarse puede ser raíz de grandes dificultades.

A través de la humildad por aprender se alcanza el éxito. Aplique la tecnología de lo obvio y supere el síndrome del producto terminado

El producto terminado es aquel que cumple con requisitos específicos y que, por tanto, se encuentra listo para su consumo.

Reflexionemos sobre la madurez humana, etapa en la que se alcanza integridad mental, lo que incluye capacidad de aprendizaje y asimilación plena de experiencias; capacidad que permite la *re-creación* permanente de sí mismo empleando al máximo la capacidad de cambio y de adaptación.

Según estudios recientes realizados en Estados Unidos, los principales enemigos de la productividad norteamericana son:

- Los sistemas educacionales.
- La televisión.
- El síndrome del producto terminado.

El escritor Octavio Paz dice que el gran misterio que el hombre jamás podrá descubrir es la dimensión de su ignorancia. En el Medievo tardío, hacia el año 1300, en la más famosa biblioteca de la Sorbona de París, existían en total 1 338 volúmenes que contenían todo el conocimiento universal; probablemente el poeta italiano Dante Alighieri haya tenido ahí acceso a todo el conocimiento disponible en el mundo. A fines de 1989, en la librería del Congreso de Estados Unidos, ubicada en Washington y considerada como el más grande almacén de conocimientos humanos, se encontraban registrados y almacenados la extraordinaria cantidad de 98 645 248 volúmenes entre libros, manuscritos, grabaciones, etc., y ello es apenas una selección de la información existente en nuestro tiempo. Otro ejemplo de la dimensión de nuestra ignorancia es que para leer un solo diario completo de Estados Unidos, el *New York Times*, se necesita emplear las 24 horas de un día. ¿Qué cantidad de diarios y revistas se publican diariamente en la ciudad de México?

Necesitamos urgentemente recuperar nuestra capacidad de aprendizaje, pues estamos desperdiciando el esfuerzo de muchos seres que mediante sus aportes nos facilitan el camino a la Excelencia. La única manera de lograrlo es practicando la humildad por conocer, aprendiendo a decir "no sé", tal como lo plantea el libro de los líderes de Lao Tse, escrito 500 años antes de Cristo. Lo dijo también el gran Sócrates: "Yo sólo sé que no sé nada, pues quien cree saberlo todo no trata de aprender más".

El hombre maduro se caracteriza por su gran capacidad de cambio y por su disposición al aprendizaje sobre todo, sobre todos y especialmente sobre sí mismo; su consigna es el anhelo por saber, pues en la búsqueda de la sabiduría se descubrirá a sí mismo. Es difícil comprender en estos tiempos una palabra tan profunda como "humildad": implica "vaciar la taza", librarnos de los prejuicios y del pensamiento vertical que nos fueron impuestos desde la infancia. La humildad conduce a la renovación permanente y a la aceptación del cambio, con la conciencia de que el primero en cambiar debo ser yo, y yo debo ser el promotor del cambio, pues el cambio es el camino de la libertad. "¿Por qué contentarse con vivir a rastras, si sentimos el anhelo de volar?", escribió Helen Keller.

Estrés y errores

En Estados Unidos se estima que los padecimientos y accidentes relacionados con el estrés son causa de las tres cuartas partes del tiempo total de trabajo perdido. Además, en productividad el estrés es la causa de pérdidas con valor de 80 000 millones de dólares anuales. Además, está considerado entre las diez principales causas de mortalidad. Como hemos mencionado, la Ley Deming establece que del 100% de las fallas de calidad, 85% son ocasionadas por cuadros superiores y sólo 15% por niveles operativos. Con base en lo anterior, se concluye que el control adecuado del estrés es una responsabilidad directiva que debe asumirse de inmediato. El estrés ha existido desde el origen del hombre: es una reacción fisiológica e individual que produce tensión, que altera constantemente el sistema nervioso y que requiere de una readaptación constante del organismo.

El estrés puede ser fantástico o puede ser fatal; uno mismo lo decide. Las marcas olímpicas no se rompen en los apacibles campos de entrenamiento, sino a través del estrés de la competencia; las actuaciones más electrizantes de los actores no se dan durante los ensayos, sino en escena y ante el público. Es muy probable que las mejores actuaciones de Karl Wallenda en el trapecio hayan sido sin la red protectora. El estrés es un acelerador que permite reaccionar adecuadamente ante algún suceso extraordinario como los siguientes:

a) Sensación de amenaza. El jefe que goza al descubrir a su gente haciendo las cosas mal provoca una gran cantidad de estrés en sus subordinados y en consecuencia, afecta la calidad de trabajo creando las famosas "cuentas por cobrar".

b) Las aglomeraciones. Las tasas altas de delincuencia están vinculadas a altos índices de familias numerosas. En Japón, donde existe un grave problema de alcoholismo, reflejado en la existencia de 1 800 000 bares, hay una densidad de población cercana a los 300 habitantes por kilómetro cuadrado, y un hogar promedio tiene un área de 45 metros cuadrados. Los pingüinos y los tupies de Noruega, por aglomeración de la especie, se aniquilan a sí mismos.

c) Sensación de pérdida o fracaso. En Japón, el índice de suicidios entre la juventud es altísimo debido a la frustración causada por el rechazo de solicitudes de ingreso a las universidades, o por la imposibilidad para los jóvenes de progresar en el trabajo por el sistema de ascensos, que es de acuerdo con la antigüedad en la empresa.

Según la escala de Holmes-Rahe, en escala de uno a cien, los factores que mayor estrés causan son los siguientes:

226

- Pérdida de cónyuge o hijos, 100
- Divorcio, 73
- Separación marital, 65
- Encarcelamiento, 63
- Accidentes, 53
- Matrimonio, 50
- Pérdida del empleo, 47
- Embarazo de la esposa, 40 (¡...y si no es la esposa 400!)
- Compra de casa, 31

El estrés es necesario para motivar a la gente a la acción ante situaciones que exigen el ejercicio pleno de facultades y la capacidad de mantener los sentidos alerta. Sin embargo, si el estrés es excesivo puede convertirse en una fuerza negativa. Por ello es necesario tomar medidas de control para mantenerlo en niveles adecuados. Para su comprensión, el control del estrés puede ejemplificarse como las cuerdas de una guitarra: si éstas se encuentran demasiado tensas pueden romperse, y si por el contrario están demasiado flojas producen sonidos totalmente desafinados. Para controlar el nivel de estrés, los japoneses han introducido en sus empresas actividades que permiten el desahogo de presiones. Por ejemplo, interrumpen el trabajo para llevar a cabo una sesión de calistenia. En Matsushita Electronics Company tienen "un cuarto de control para el trabajador" en donde los operarios golpean con bastones de bambú a maniquíes que representan a sus jefes, lo que les produce desahogo.

Un acto sencillo y obvio que elimina el estrés, y que por obvio se nos olvida, es sonreír. Efectuar ejercicios no es una locura, es un estímulo diferente que propicia la productividad. Invito a eliminar el mito de la seriedad en el trabajo; el buen humor en los negocios significa decir adiós a las expresiones de disgusto y a la irascibilidad.

Solamente trabajando en equipo logrará grandes victorias

Es más fácil destacar individualmente que en equipo, pero los resultados que se producen no son equiparables. En estudios recientes realizados en la Universidad de Stanford se comprobó que el producto del esfuerzo realizado individualmente por ocho personas es igual al que generó un equipo de dos personas. Para triunfar individualmente se requiere tenacidad, constancia y disciplina; para trabajar en equipo se necesita también comunicación, armonía y coordinación.

El líder dirige, participa y además inspira a la participación. El maestro Ezra Vogel señala que el aspecto más importante para ascender a una persona evaluando su calidad es su capacidad para trabajar en equipo. A este respecto, resulta interesante comparar a un trabajador oriental y a un trabajador anglosajón; el anglosajón es individualista, ve su trabajo como una obligación contractual y es independiente; el oriental es miembro de un equipo, es interdependiente, no piensa ni actúa como un individuo, sino como parte de un grupo, considera su trabajo como vía para la realización y a su empresa como una familia.

Para trabajar en equipo los líderes deben estar dispuestos a escuchar y pensar en términos de objetivos de grupo. El líder es responsable tanto de éxitos como de fracasos; de erradicar la "crítica constructiva"; de atrapar a la gente haciendo las cosas bien; de orientar para la superación de su gente y de no criticar para reducir el crecimiento.

Nuestro sistema educativo reconoce solamente resultados premiando a los mejores. Este procedimiento está equivocado: en una organización de Excelencia es importante el reconocimiento a las actitudes de los empleados ante el trabajo. La orientación frecuente de los colaboradores a la dependencia del líder es, asimismo, errónea; es fomentada en situaciones en que los ejecutivos reaccionan negativamente ante el más pequeño error de sus subordinados, los cuales optan por la pasividad y la dependencia como formas de evitar el riesgo de perder el empleo. Después los mismos ejecutivos se quejan de la supuesta falta de creatividad e iniciativa de sus empleados, las cuales evidentemente no se dan por una orden o memorándum, sino por inspiración. Peter Drucker señala que quienes llegan a la cúspide tienen visión de conjunto, capacidad de análisis y, sobre todo, don de gentes.

La bendita observación

El aprendizaje es un proceso en el que se adquieren nuevos conocimientos, habilidades y actitudes a través de experiencias de uno mismo y de los demás. Para acceder a las experiencias de otros es indispensable observar. En Japón, a los niños no se les enseña a *mirar*, sino a *observar*. En México, lo que aprenden nuestros niños es a *mirar* la televisión. Para aprender a *observar* se requiere aprender a leer; por ello estudiar, estudiar, estudiar..., debe ser la obsesión nacional.

El proceso de aprendizaje requiere ante todo insaciable hambre de conocimiento y deseo de aprender de todo, de todos e inclusive de sí mismo.

El poder del conocimiento

La clave del desarrollo es aprovechar la experiencia de los demás.

Desde el hierro que inauguró la supremacía del pueblo aqueo hasta los hongos nucleares, naciones, empresas y hombres han sido conscientes de la inmensa diferencia entre los que tienen y los que no tienen tecnología. En proporción inversa a Japón o Alemania, México está sobrepoblado de abogados y contadores, producto de enredados sistemas legales y fiscales, y está escaso de ingenieros, técnicos y ejecutivos profesionales dispuestos a aplicar la tecnología de lo obvio para ser competitivos a nivel internacional. Mientras los mexicanos no enfrentemos el reto de aprender de los mejores, de tomar la ciencia de otros para generar tecnología propia, estaremos renunciando a asimilar la inteligencia universal desarrollada por otros, oportunidad única para lograr el progreso. Y mientras esto no suceda, seguirá vigente la sentencia: "Vinieron los sarracenos y nos molieron a palos, que la suerte ayuda a los malos si saben más que los buenos".

Sea audaz

En Suntory hay un letrero que dice:

> *Si no lo intentas, nunca lo sabrás.*

O dicho de otra forma: el peor pecado del hombre es el pecado de omisión. Pude haberlo hecho y no lo hice. A este respecto el escritor Agustín Yáñez decía que éstas son reflexiones para después de la muerte: debemos actuar mientras se puede o de lo contrario llega el momento en que ya no se pueda actuar. Aristóteles, por su parte, consideraba que para ser excelente se requiere de cierto grado de locura, es decir, de atrevimiento a romper con los moldes establecidos; la audacia va de la mano de la pasión. Tampoco se trata de ser demasiado prudente; hay que hacer pruebas piloto para asimilar los fracasos, pero hay que hacerlo con gran intensidad y no a medias.

Sea paciente, inténtelo incansablemente, escriba en la nieve

Paciencia no es sinónimo de espera. Es persistencia, es intento, es tenacidad, es espíritu de lucha, es perseverancia, es un viaje en el que no hay pasajeros, sino que todos forman la tripulación. En la organización Disney, la sonrisa es parte fundamental del sistema (ríen 365 días al año durante 12 horas diarias). Nuestra primera sonrisa del día debe ser para nosotros; iniciemos cada día con una actitud mental positiva.

Hay gente que quiere organizar su empresa a través de circulares, pues pierden la paciencia con su gente. La paciencia contiene un elemento fundamental: la capacidad de perdonar.

Busque la Excelencia directiva del vértice a la base

El cambio se da de la punta hacia la base. Ningún cambio se puede gestar sin el involucramiento y compromiso del máximo líder. Dos antiguos proverbios orientales dicen: *El pescado se empieza a pudrir por la cabeza,* y *Si la cabeza se mueve, la cola también.* Atila —como líder— era el máximo responsable de su organización, pero cada uno de los hunos —líderes— eran responsables de su área. Recordemos la Ley Deming: 85% de los problemas los ocasiona el líder; no podemos patear hacia abajo. Lo más fácil para un mediocre es tener un poste al cual echarle la culpa por el automóvil chocado. El líder usa su nombre para convencer. Atila, considerado genio del *marketing,* usaba el mote con que un fraile le bautizó, "Azote de Dios", que llevaba a sus enemigos a rendirse y negociar.

Las dos características que describen al líder son su responsabilidad hacia la tribu, y el apoyo y la lealtad de la tribu hacia él. Cuando hay un líder, hay confianza de saber que orden dada es orden cumplida.

Es vital para emprender el cambio a la Excelencia que el líder sea el principal involucrado. La clave está en la congruencia, no podemos pedir que se haga lo que no somos capaces de hacer. Conociendo la verdad, uno debe vivir de acuerdo con ella.

La renovación personal

La renovación personal es algo con lo que soñamos la mayoría de nosotros, ya que en alguna medida todos deseamos ser mejores, pero en la práctica la consideramos tan alejada o al menos fuera de nuestro trabajo diario que creemos que solamente nos podemos plantear propósitos de superación personal fuera de horas de trabajo, para las próximas vacaciones o para el tiempo libre en casa. Y lo que se pretende es que la renovación personal se incorpore con su espíritu de superación como hábito diario de trabajo, que nos impulse hacia adelante a través de la reflexión diaria "qué puedo hoy mejorar", teniendo presente que quien deja de mejorar irremediablemente deja de ser bueno.

Las grandes crisis personales de valores

A través de los años he conocido un sinnúmero de crisis personales debido a la confrontación de valores de una persona con otra, razón por la cual muchos matrimonios terminan en la separación, o amigos dan por cancelada para siempre una amistad de muchos años. Hace algún tiempo colaboraba con un grupo de asesores para jóvenes en víspera de contraer matrimonio, y yo buscaba convencerlos de que no se casaran a menos que sus valores fueran comparables, y en caso contrario, con todo realismo, se enfrentaran a las consecuencias de las diferencias o cuando menos se sentaran a dialogar hasta dónde estaban dispuestos a tolerar o a cambiar sus valores.

Veamos, por ejemplo, que donde termina el maravilloso cuento de *Cenicienta* se inicia el primer drama de una pareja que vivió valores disímbolos. Cenicienta había sido educada por su madrastra para planchar, barrer y servir como ayudante doméstica; el príncipe, en cambio, estaba acostumbrado a ser servido, imagino que su educación correspondía a la de todo miembro de la realeza. Tan dichosa pareja al día siguiente de finalizada la luna de miel empezó a tener grandes dificultades; uno deseaba asistir a la ópera y el otro a una sesión de mariachis; uno acostumbraba desayunar salmón y champaña y el otro quesadillas; uno se bañaba diariamente antes de acostarse y el otro se metía al agua solamente los sábados, etc. ¡Imagínese! Seguramente a usted le parecerán estas diferencias trivialidades, pero le puedo asegurar que los grandes conflictos en una pareja son la suma de muchas pequeñeces que ya reunidas forman una bomba emocional de desastrosas consecuencias.

A través de esos cursos prematrimoniales lográbamos concientizar a las jóvenes parejas sobre la necesidad de que conocieran más profundamente cuáles eran los significados que le daban a personas, cosas e ideas, y que detectaran si existían diferencias que pudieran resultar insuperables. A través de los años conocí a un joven que asistió al curso en tres ocasiones diferentes con tres distintas personas. Parece que al final encontró a la persona compatible con su escala de valores.

¿Cuál es la diferencia entre un triunfador y un perdedor?

Generalmente es un "casi", porque mientras el triunfador logra lo que se propone, el perdedor "casi lo logra", y generalmente es por "obra de la mala suerte" que no lo consigue.

Hoy debemos darnos cuenta de que en nuestro país la época de los "casi" está por fenecer. El "casi lo logro", o el "estoy a punto de conseguirlo", ya no servirán de pretexto. Se requieren resultados.

Otra de las diferencias entre triunfador y perdedor radica en que mientras uno considera cada obstáculo como una oportunidad, el perdedor concibe cada oportunidad llena de obstáculos. Pasamos la vida pensando ¿qué nos impide lograr las cosas? y no nos preguntamos ¿qué debemos hacer para lograrlas?

Por tanto, uno de los conceptos que debemos difundir en el país es que se pueden lograr las metas siempre y cuando hagamos un pequeño giro, que muchas veces es casi diminuto, y que es el que marca la diferencia entre por qué no o por qué sí se puede lograr.

El nueve y el diez

La diferencia entre una calificación de nueve y una de diez implica el aprender que triunfar no es lo más importante: es lo único.

No tenemos otra opción; ya no es procedente participar en una competencia sólo por hacerlo y no buscar ganar. ¿Quién pone una empresa para foguearse? Sería imposible suponer que un inversionista corra el riesgo de aportar dos o cinco millones de pesos en un negocio sólo "para adquirir experiencia".

En las empresas la diferencia radicará ahora en atreverse a ofrecer los productos y servicios con Excelencia, conscientes de que se deben evitar los famosos costos de la no calidad. Ésas serán las empresas triunfadoras mientras que aquellas que continúen con su política del "casi" o del "vamos por el ocho" formarán parte del grupo de las derrotadas.

Paralelamente, las personas deberán pagar la cuota que exige el éxito y que implica preparación permanente y la aplicación a todo lo que se haga con perseverancia, tenacidad, inteligencia y constancia. Asimismo, las personas deben saberse rodear y aprender de aquellos que obtienen un diez de calificación, ya que al parecer por naturaleza nos marginamos y nos alejamos de los triunfadores cuando deberíamos preguntarles cómo consiguieron su éxito.

Si en las Olimpiadas de Seúl nuestros directivos y entrenadores se hubieran dedicado a platicar con los representantes de los equipos de otros países que consiguieron las medallas de oro, para posteriormente formar comités de investigación sobre las formas de entrenamiento, promoción y organización de los deportistas, créanme que nuestros resultados en Barcelona, cuatro años más tarde, hubieran sido completamente diferentes y mucho más halagadores que tan sólo una medalla de plata.

Si tuviéramos la oportunidad de instalar en este país un tribunal para que comparezcan los responsables de la actividad deportiva en los últimos años, y buscáramos detectar cuál es nuestro enfoque acerca del deporte, llegaríamos a la siguiente pregunta: ¿aprendimos a ganar o a justificarnos? En México tenemos que aprender a ser de diez; a obtener la tecnología; a crear la ingeniería del diez. Sentarnos y pensar en cómo llegar a la más alta calificación y mantenernos ahí pagando las cuotas que hemos mencionado y evitando los costos de la no calidad.

Durante los Juegos Olímpicos de Barcelona 1992, el costo de la no calidad se reflejó en haber gastado en nuestros deportistas y su preparación, y en haber obtenido tan sólo una medalla, la de plata del marchista Carlos Mercenario. Si quisiéramos calcular cuánto nos costó obtener esa medalla, tendríamos que sumar los costos del presupuesto de nuestras comisiones del deporte (nacionales e internacionales), los alimentos, viajes y paseos de los que asistieron a Barcelona y todo esto dividirlo entre uno, que es una medalla de plata, y el lugar número 51 en el registro de los países participantes.

Excederse

Otro concepto que debemos manejar frecuentemente es el "exceso", en el mejor concepto. La empresa que se excede, que da más de lo normal y de lo común, ingresa a la Excelencia. Si una persona se excede en puntualidad, entrega, responsabilidad, etc., está mucho más allá de lo ordinario.

La connotación de la palabra exceso que se ha utilizado es negativa. Si se empleara positivamente, como lo hemos detallado, su significado sería más rico y productivo.

Si un individuo no se excede en nada en su vida, será una persona mediocre. Si una empresa fabrica fotocopiadoras de tal forma que no requieran reparación, que se brinde un buen servicio sin necesidad de la ayuda de técnicos, supervisores, etc., estaremos ante una empresa que da en exceso. Pero se debe tener cuidado de que otras organizaciones no den en exceso lo que nuestro negocio ha dado; de ser así, estamos obligados a dar ese exceso y buscar dar siempre un excedente.

La diferencia entre el nueve y el diez radica también en el exceso. En las competencias deportivas resulta muy claro porque siempre existe un récord mundial que finalmente es superado por alguien que inmortaliza una nueva marca. Este ejemplo nos revela lo dinámica que es la Excelencia.

La Excelencia no es una meta; es algo a lo que se llega y que se tiene que estar procurando y obteniendo continuamente. La Excelencia debe concebirse como un estilo de vida; una forma de ser incorporada a los hábitos de las personas.

Todos tenemos que cambiar nuestro esquema mental

Tradicionalmente se pensaba que sólo se podía salir adelante si se poseía la suficiente tecnología propia, pero resulta que no es así. Ni siquiera es necesario desarrollar la tecnología propia, sino saber utilizar la ya existente.

Hay que tomar en cuenta que el no emplear la tecnología existente es renunciar a la inteligencia universal. La tecnología no es de quien la inventa, sino de quien la sabe utilizar.

México debe tener una apertura mucho mayor hacia el mundo para saber usar precisamente los conocimientos y la inteligencia que hay en el planeta.

El líder siempre será un triunfador gane, empate o pierda

¿De dónde han surgido las empresas de Excelencia?

¿Cómo logró un ser pequeño (físicamente hablando) como Gandhi liberar a un país de 700 millones de habitantes, India, del imperio más poderoso en su tiempo a nivel mundial? ¿Cómo logró Winston Churchill acaudillar a un pueblo, el británico, en franca desventaja? ¿Cómo pudo Charles de Gaulle encauzar a la resistencia más tenaz de la Segunda Guerra Mundial para liberar Francia? ¿Cómo han logrado algunas empresas mexicanas estar fabricando actualmente productos con cero errores y calidad total? ¿Cuál fue el secreto de aquel ser extraordinario que fundó una iglesia con sólo doce seguidores y actualmente cuenta con más de mil millones de fieles?

Las respuestas se resumen en que esas magníficas acciones han sido el resultado de un sueño de alguien que imaginó hacer posible lo imposible; el sueño de idealistas.

Seres con un sólido contenido existencial han creado filosofías que han trascendido su tiempo y han luchado incansablemente por concretar su sueño hasta hacerlo realidad. Ahí está el origen de las grandes obras: realizar acciones concretas hasta convertirlas en costumbres; de ahí han surgido también las grandes culturas. Como decía Aristóteles: "La Excelencia, más que un acto aislado, es un hábito, un estilo de vida, es una forma de ser". Los líderes de Excelencia son sencillamente los que marcan la gran diferencia.

Busquemos la trascendencia

Seguramente usted ha vivido la grata experiencia de entrar en algún jardín donde la densidad y belleza de la vegetación han sido convertidas en una microecología; en una isla ambiental donde se respira diferente; donde se encuentra una naturaleza que por su belleza contrasta con su entorno.

La causa fue que alguien, con una filosofía más rica y llena de significados, pensó diferente a los demás. Del pensamiento mágico de esa persona surgió ese jardín que se nos antojaría imposible de lograr.

Todos los seres humanos poseemos una filosofía, unos más rica que otros. Así como hay vidas que trascienden su tiempo, también están las vidas de la gran mayoría, las que pasan desapercibidas en el interminable transcurrir del tiempo, vidas en que las huellas fueron apenas una tenue marca en la arena y que con una leve brisa se borraron para siempre.

No se puede aspirar a ser un líder de Excelencia a menos que se posea la esencia suficientemente trascendente que lleve a permanecer más allá del tiempo: la consistencia de alguien que al desaparecer tenga una obra que continué como es el caso de Cristo, Gandhi, Disney y Watson, por citar tan sólo a algunos grandes hombres de los cuales, al dejar de existir, se podría escribir:

Nunca fueron vencidos, simplemente nutrieron.

¿Cómo iniciar la definición de nuestra propia filosofía?

Pregúntese sinceramente: ¿Estoy de acuerdo con el mundo actual? ¿Con el entorno? ¿Con la realidad? ¿Tengo potencialidad? ¿Estoy conforme con lo que mi filosofía ha logrado? ¿Soy quien deseo ser?

Una de las teorías de la Universidad de Harvard, titulada "El líder nace dos veces", se refiere fundamentalmente a la permanente inconformidad que caracteriza a los líderes y que los lleva a mejorar lo que hacen y como lo hacen; esto es lo que marca la diferencia básica entre el administrador clásico y el líder. El primero no se compromete demasiado, negocia, trata de ganar lo adecuado o, al menos, de perder lo mínimo posible.

El líder, en cambio, es apasionado y asume los riesgos en cada proyecto que inicia al grado que parece que es lo último que va a realizar en su vida. El líder toma los problemas a título de desafío personal; no juega a ganar o perder, siempre juega a ganar. No deja energías de reserva; es un triunfador, gane, pierda o empate. Siempre se emplea a fondo y da siempre su mejor esfuerzo.

El administrador se ocupa más del cómo, es decir del procedimiento para hacer las cosas. El líder, en cambio, se cuestiona sobre qué es lo que efectivamente debe realizar. El líder es un inconforme por naturaleza, pero no se confunde con el quejumbroso; está orientado a la acción, a cambiar aquello que no le gusta; es un realizador.

Sea honesto: Conviértase en un egoísta decidido y ejemplar

El mundo ha evolucionado y progresado gracias a los egoístas. Seguramente esta afirmación lo ha hecho saltar de su asiento, pero tranquilícese, tiene un sustento positivo.

Imagine a la comunidad de Florencia de hace 400 años en la madrugada. Una carroza es abordada por dos personajes siniestros, y entre las calles empedradas y con una densa niebla, sale de la ciudad para llegar a un cementerio, cuya puerta es abierta en medio de rechinidos por un jorobado malencarado que además renguea. Conduce a los visitantes a una tumba y les ayuda a exhumar el cadáver que esa tarde había sido enterrado. Lo guardan en un costal y lo llevan a rastras hasta la carroza. El sepulturero recibe una bolsa de monedas de oro, y los dos personajes emprenden a toda prisa el camino de regreso a la ciudad y arriban a su punto de partida.

Al detener la carroza uno de los personajes verifica que nadie los esté observando en medio de la noche, y a toda prisa descargan el costal y lo arrastran hasta el sótano donde los espera un cuarto personaje con una bata, barba, lentes y un bisturí en la mano. Colocan el cadáver sobre una mesa, lo desnudan, y el hombre del bisturí con una sonrisa en los labios realiza la disección de un cuerpo humano.

¿A quién está desafiando? Seguramente, en su tiempo, al Estado, a la sociedad, a la Iglesia, y corría el riesgo de ser colgado por su blasfemia. Sin embargo, no se pudo resistir a la necesidad de descubrir los secretos del cuerpo humano. ¡Qué gran egoísta... nada más piensa en sus propios intereses! Pero..., gracias a ese hombre se tuvo un gran avance en el estudio de la anatomía. Egoísmo significa: "Atender desmedidamente su propio interés", lo que no hay que confundir con egolatría, que significa "culto y amor excesivo a sí mismo".

Gracias a los egoístas de todos los tiempos, el hombre de hoy disfruta de una mejor calidad de vida; gracias a ellos, podemos volar, combatir las infecciones, curar y prevenir la rabia, tenemos luz eléctrica, nos comunicamos vía telefónica, etcétera. Son esos egoístas quienes tuvieron el valor de reclamar su ser.

¿Qué hubiera sido de Miguel Ángel Buonarroti (quien para elaborar sus esculturas realizó disecciones de cadáveres para comprender la anatomía humana, a riesgo de ser llevado a la hoguera) si hubiera seguido los consejos de su padre de ser comerciante? Seguramente no se hubiera metido en tales líos, pero desafió su tiempo, y a pesar del entorno hostil pudo lograr lo que quería ser: un artista.

¿Cuál es nuestra fuerza?

Todos los seres humanos tenemos una vocación y un llamado para realizar una tarea determinada; no somos producto de la casualidad. Cada uno de nosotros tiene una misión que cumplir. Desafortunadamente pocos cuentan con el valor para reclamarse a sí mismos esta responsabilidad.

Recuerdo que en alguna ocasión presentaba esta tesis frente a los integrantes de una gran empresa transnacional y uno de ellos me advirtió que mi propuesta era muy peligrosa, pues él siempre se había considerado con vocación de ebanista y no de ejecutivo, que era el papel que desempeñaba en la organización. Me volví en busca del director general de la empresa y le pregunté: ¿qué prefiere usted, 10 líderes plenamente realizados o 40 mediocres dentro de su organización? Por supuesto, a partir de ese momento optó por los pocos que comprendían su compromiso. El ebanista frustrado quedó fuera.

En otra ocasión había dos vagos bajo un puente y uno le decía al otro:

—Tú eres un frustrado y amargado; en cambio, yo soy un realizado.

A lo que su compañero, sorprendido, le pidió una explicación. El otro tranquilamente le contestó:

—Tú siempre quisiste ser rico; yo, en cambio, siempre quise ser vago.

Lo primero que tenemos que reconocer es: ¿Cuál es nuestra naturaleza? ¿Cuál nuestra fuerza? ¿Cuáles son las actividades que más disfrutamos?

Vale la pena aclarar que, a una persona, el poseer algún don en especial no le garantiza por ese simple hecho ser exitoso en la vida. Un niño con facilidad extraordinaria para tocar el piano no tiene garantizado ser un gran pianista; tendrá que pagar el costo de realizar un entrenamiento intensivo para destacar en ese ramo y, por supuesto, tendrá que rodearse del medio adecuado para facilitar su aprendizaje; deberá estar en contacto con quienes lo puedan impulsar y contar con los recursos necesarios para lograr su realización.

La mayoría de los seres humanos sacrifica toda su existencia por tener dinero, y en esa búsqueda no son lo que verdaderamente hubieran querido ser; hacen algo que les disgusta y tienen que estar en un medio que aborrecen. Las ciudades están llenas de sonámbulos que arrastran su vida sin razón de ser.

Uno debe enfrentarse a sí mismo con el valor de reclamar su ser, que es el medio que le dio el creador para vivir con plenitud y ser feliz.

¿Quién es usted? ¿Quién desea ser?

Necesitamos emprendedores optimistas

Hablemos de la necesidad que tiene México de tener empresarios emprendedores y no negociantes; el negociante y el empresario podrían compararse a una joya de fantasía y a una de oro. El negociante es oportunista, su misión principal es servirse a sí mismo a través de los demás, especula y vive tras la ganancia rápida y fácil, y se cubre en el proteccionismo, la corrupción o un mercado monopólico. Para el negociante los principios son cosas pasadas de moda y, es más, nunca existieron. El empresario, en cambio, sabe resistir y la tenacidad es su característica inseparable. Para ser empresario se requiere tener una vocación, esa cualidad tan especial para transformar su realidad y hacerla mejor. A un empresario lo mueve el riesgo, la creatividad y el entusiasmo; ve la riqueza donde la gran mayoría no ve nada. Pero la riqueza no la limita a lo material; entiende que su quehacer rebasa lo económico.

Como ser humano integral, el empresario está consciente de que su papel también es importante en lo educativo, lo político y lo social, así como en el reforzamiento de los organismos intermedios. Para ser empresario se requiere valor, ya que es más fácil ser empleado y tener un ingreso seguro.

A diferencia de las épocas de bonanza, donde es relativamente fácil jugar a ser empresario y tener éxito, en esta época la crisis no perdona los errores.

Se calcula que durante las crisis que ha vivido nuestro país de cada diez nuevos negocios sólo sobreviven tres. Sin duda, estos difíciles años han depurado el mercado, ampliando la brecha entre empresario y negociante.

Hoy México requiere más y mejores empresarios que estén convencidos de que a pesar de las trabas internas, de la apertura comercial, de la economía informal, a pesar de todo hay que seguir adelante provocando las oportunidades y los caminos alternos.

La fórmula del éxito en la vida

Ser el mejor en algo, sin lugar a duda, es una posición que se puede alcanzar con algo de talento, un poco de suerte y mucha estrategia, elementos que en su conjunto nos permitirán conseguir aquello que siempre hemos deseado. Sin embargo, para recrearnos en el juego del éxito debemos tener resoluciones sobre lo que haremos, pues aunque el camino esté señalado, nuestra decisión y nuestro compromiso para recorrerlo harán la diferencia.

Para triunfar no se requiere ser privilegiado con dones especiales. Se requiere tan sólo ser una persona normal, con la claridad de saber quién es y qué quiere hacer, no dentro de un mes o el año que viene, sino para todo su futuro, que es el lugar donde pasará el resto de su vida.

Los elementos de la fórmula

El contenido de este mensaje aborda, precisamente, los factores elementales de la fórmula del éxito en la vida:

1. Cinco por ciento de *talento:* característica importante por el enorme potencial que representa.

Podemos citar el ejemplo del señor Konosuke Matsushita quien estudió sólo hasta el cuarto grado de primaria y, sin embargo, llegó a desarrollar la empresa de electrodomésticos más importante del mundo, Matsushita Electric, impartiendo además cursos de alta dirección a los ejecutivos más importantes de empresas americanas y europeas.

Siguiendo el ejemplo de Matsushita, atrevámonos a utilizar nuestro talento, pues el talento oculto trae éxito. Además, todo aquello que vale la pena hacerse, vale la pena hacerlo mal hasta que se logre hacerlo bien. Si dejamos todo para mañana corremos el riesgo de no hacerlo nunca.

En este sentido, Thomas Wolf bien decía:

Si un hombre tiene mucho talento y utiliza sólo una parte ha fracasado parcialmente; si en cambio tiene poco talento y le saca provecho gloriosamente ha triunfado, y tendrá una satisfacción que muy pocos conocen.

2. Cinco por ciento de *suerte:* Reza un dicho popular que la buena suerte es lo que un perezoso piensa que constituye el éxito de un hombre trabajador..., es decir, una ocasión, coincidencia o posibilidad, que es aprovechada en su momento y que invariablemente requiere de dos agentes circunstanciales:

a) Oportunidad... Es bíblico, "quien busca, encuentra", por lo que de cada diez oportunidades que se nos presentan en la vida nueve son producidas por nosotros mismos y salimos a buscarlas. La buena o mala suerte es un artificio que utilizamos para justificar nuestra intención de encontrar o no las circunstancias o acontecimientos favorables a nuestra realidad.

"El cielo nunca le ayudará a aquellas personas que no actúan", afirmaba Sófocles, y es cierto que aquel que es demasiado precavido realiza muy poco en la vida. En concreto, la premisa de la oportunidad se resume de forma clara y explícita: o luchamos, o dejamos que las circunstancias dirijan nuestro porvenir.

b) Preparación... La buena suerte favorece a la mente preparada; indudablemente las mentes preparadas buscan y atraen a la suerte al grado de que ambas se complementan.

Para ejemplificar citaremos el pasaje que vivió un fotógrafo después de uno de los viajes de investigación que realizamos a Japón para elaborar un audiovisual sobre la vida cotidiana de ese gran país asiático. En la presentación de su trabajo, en la que incluyó una fantástica toma de un hermoso pajarillo posado sobre un cerezo en flor, uno de los espectadores exclamó: "¡Qué suerte tuviste!", a lo que nuestro fotógrafo respondió: "Sí, tuve la suerte de estar ahí a las cuatro de la mañana con el equipo indicado y a la espera del momento exacto para lograr la mejor fotografía..."

Esta anécdota revela que la buena suerte siempre existirá para los buscadores preparados.

3. El 90% restante de la fórmula del éxito depende de la estrategia que utilicemos para alcanzar la cumbre, meta o cima de todos y cada uno de nuestros objetivos.

En este sentido el éxito cuelga siempre de un hilo muy delgado que se llama cambio, el cual podemos visualizar como una ola en el océano del tiempo; una ola que a corto plazo causa agitación y desconcierto, mientras que a largo plazo tiene un impacto de mayor importancia.

Para hacer frente al cambio hay que adoptar un punto de vista de largo alcance, una visión que determine nuestra misión existencial; quizá cambiar la dirección de nuestras vidas no requiera de tanto esfuerzo, pero la trascendencia del cambio afectará al resto de nuestros días.

Hemos de tener siempre presente que cambiar la dirección de una empresa es como hacer virar un trasatlántico; para moverlo se requerirá de un gran espacio, y si se hace mal el viraje, rectificarlo exigirá aún de más espacio. De tal manera que en lugar de girar el timón con cada nueva ola de cambio debemos procurar enfilarnos hacia la dirección apropiada. Recordemos que paso a paso cimentamos nuestro futuro y que en él pasaremos el resto de nuestras vidas.

Ahora bien, trazar esta senda exige no sólo de un mayor esfuerzo. Como decía el señor Matsushita:

Hay momentos del ser humano en los cuales su audacia es todo o nada, y la audacia hay que saberla utilizar en favor de los sueños, valores y objetivos personales y de nuestra empresa.

Sistema nuclear de la Excelencia

El Colegio de Graduados en Alta Dirección es un centro de investigación en estudios avanzados en Alta Dirección cuyo objetivo esencial es la formación integral de líderes de Excelencia en el campo de la dirección de empresas.

Es una institución única en su género a nivel internacional por su enfoque centrado en los valores nucleares del ser humano. Tradicionalmente las escuelas de negocios sólo se han dedicado a la instrucción en habilidades directivas y de desarrollo de tecnología para incrementar la productividad, y han desatendido la esencia, el origen central de donde parten todas las actitudes de las personas, que son precisamente los principios y valores, detonadores básicos de la conducta directiva que se refleja en toda la organización.

Lo importante del fondo es la forma; si el líder logra hacer germinar profundamente un valor, la expresión más adelante de ese mismo valor será una consecuencia natural. Así, por ejemplo, si la calidad se convierte en un valor central para una persona, y su compromiso es una realidad, esa persona buscará los caminos, los modelos y las estrategias para lograr su mejor aplicación. El Colegio, convencido de que nadie puede dar lo que no tiene, se dedica en primer término a inculcar en el líder una sólida columna vertebral de valores sobre la cual se estructura una formación basada en las técnicas más avanzadas para lograr la óptima aplicación práctica de esos valores en un plano integral.

Si el aspirante a líder simplemente asimila modelos y prácticas gerenciales de éxito, sin tener un profundo convencimiento interno, puede llegar a tener resultados positivos a corto plazo, pero fácilmente se dará por vencido si los resultados no le son del todo favorables, y este desánimo y falta de motivación serán producto fundamentalmente de la debilidad de sus convicciones.

Podemos partir del análisis a nivel conceptual de los grandes líderes corporativos que nos han legado culturas de Excelencia, como Konosuke Matsushita, Walt Disney, Thomas Watson, Ray Kroc, etc., observando más allá de sus actitudes ante el manejo de conflictos, la toma de decisiones, la administración del tiempo, desarrollo gerencial, educación, servicio, valor agregado y muchas otras características que los posicionan como auténticos empresarios de éxito de su tiempo. Es fundamental que estudiemos profundamente sus conductas para emularlas, partiendo de la tecnología de lo obvio.

Elegir al mejor, imitar al mejor, igualar al mejor y superar al mejor significa tomar a los mejores como maestros y como prototipos a superar, significa que la calificación de ellos de diez será nuestro cero, que el inicio de nuestra carrera directiva sea desde el punto máximo de quienes en la práctica ya demostraron su talento y capacidad. Y más allá de las actitudes tendríamos que investigar la parte esencial de estos líderes. ¿Por qué lo hicieron? ¿Qué los movió en su más profunda intimidad a actuar de esa forma? ¿Qué secretos guardaban en su interior que los impulsaron a tantas y valiosas realizaciones? Es aquí donde llegamos al cuestionamiento nuclear de nuestro sistema. ¿Cuáles fueron sus valores vertebrales? A partir de estas preguntas podemos edificar la formación integral de un líder de Excelencia, formación que va más allá de las simples fronteras de la capacitación y la instrucción, y que cae en el terreno fértil de la formación sólida y trascendental que urge para los líderes de nuestro tiempo.

Estamos convencidos de que las habilidades técnicas de dirección nos garantizan una exitosa gestión siempre y cuando sean simplemente la manifestación práctica de un valor profundamente germinado en el espíritu del líder.

Valores esenciales como son: calidad, servicio, resultados, cortesía, honestidad, armonía, lealtad y ética, son fundamentales para garantizar el éxito de las organizaciones, y más ahora ante la nueva competencia que ha demostrado en la práctica que la ética produce riqueza, y aquellas empresas que viven intensamente los valores anotados son las que se han posesionado de los mercados más importantes del mundo, y de sus ganancias.

El líder de Excelencia, para lograr el éxito integral de su organización, tiene que partir del núcleo que es el generador de toda actividad: el ser humano. De hecho, el líder depende de su gente; es a través de ella que logra los objetivos y resultados deseados y que son su principal responsabilidad. "Todo se le puede perdonar a un líder menos una cosa: que se equivoque." Por eso es tan importante la formación del líder en cuatro áreas fundamentales, las cuales se dimensionan en nuestros diferentes programas de estudio que son aplicables a nivel corporativo y a nivel personal:

Resultados. Los resultados son el punto de partida. Todo cambio surge de los resultados obtenidos: utilidades, liquidez, posicionamiento en el mercado, prestigio de marca, clientes satisfechos, personal más capaz, etc. Evaluemos los resultados en forma precisa en cada una de nuestras acciones, en sus dimensiones cuantitativas y cualitativas. Que nos ubiquen en qué punto estamos en relación con la meta que deseamos alcanzar, y además que nos permitan corregir y flexibilizar nuestras estrategias, aprender de los errores, enfatizar lo que hicimos bien y buscar permanentemente cómo lo podemos hacer mejor, es decir, mejorar la acción.

Filosofía. Son los resultados de la organización, los conocimientos que adquirimos, los que se convierten en la sabiduría, en la tecnología. La filosofía es el conocimiento de mercado y la creatividad que van definiendo los valores centrales de la organización. Es el marco de pensamiento que debe orientar las decisiones corporativas y que permite crear la visión a largo plazo de una empresa; el estilo de hacer las cosas, la mística que se debe vivir en la empresa y, en resumen, el cumplir con la misión propia de la empresa.

Acción. Con base en la sabiduría acumulada se busca permanentemente cumplir con la misión de la empresa y lograr la plena satisfacción del cliente. Esto es la acción, y está tanto en lo que realizan las manos que tocan el producto, como en la atención al cliente, la definición de las estrategias para lograr cabalmente los objetivos propuestos y la utilización de modelos más avanzados que han demostrado su eficacia en la práctica. La acción es además la expresión práctica de cómo cumplir diariamente la misión propuesta ya, que es lo que nos llevará a mejores resultados.

Misión: Mientras la filosofía marca las directrices, la acción indica cómo hacerlo y la misión radica en lograr seducir al cliente. La misión es la razón existencial que justifica y permite nuestra presencia en el mercado. Es lo que mantiene abierta la puerta hacia el futuro. Es la visión compartida del sueño que debe impulsar la acción de cada uno de los integrantes de una organización. Es el motivo para querer hacer las cosas y el impulso para alcanzar la Excelencia como filosofía corporativa.

En nuestro Colegio de Graduados, además de proporcionar al directivo la formación técnica más avanzada, nos abocamos a la tarea esencial de comprometerlo a nivel humano y social para que se convierta en un auténtico gestor de la Excelencia corporativa y humana; lo adentramos en la cultura de la interdependencia y complementariedad, lo que le permite integrar un equipo de extraordinarios colaboradores.

En el núcleo de nuestro esquema formativo se ubica en primer plano al ser humano, causa central de todo lo que sucede en la empresa. Si atendemos como alta prioridad a nuestra gente y a nuestros clientes, como respuesta el mercado nos proporcionará lo demás.

El sistema nuclear de Excelencia ubica los diferentes programas en forma directa a nuestros objetivos. El formar líderes de Excelencia que vivan intensamente los valores universales, como la ética, la sabiduría, el espíritu de servir, el amor y la integridad; con esto podremos garantizar no solamente su éxito corporativo, sino su plena realización humana.

Estamos convencidos de que si logramos gestar líderes de Excelencia tendremos una nación, una sociedad y un mundo de Excelencia.

* * * * *

NUESTRO COLEGIO

Si usted está interesado en entrar en contacto con Miguel Ángel Cornejo puede hacerlo directamente, vía telefónica o por correspondencia al Colegio de Graduados en Alta Dirección, el cual es una institución comprometida con los cambios y con el futuro de nuestro país. Del mismo modo que ofrece orientación y capacitación a líderes y aspirantes a serlo, está abierto a las nuevas ideas.

COLEGIO DE GRADUADOS EN ALTA DIRECCIÓN

Aristóteles núm. 85
Colonia Polanco
México, D.F. C.P. 11560
Teléfono (5)250 61 88

Estoy Saludable =
Buena Esposa
2 Hijas que las quiero =
2 ⬛ = tengo 2 casas -

Esta obra se terminó de imprimir
en marzo de 1998, en
Ingramex, S.A.
Centeno 162
México, D.F.

La edición consta de 5,000 ejemplares